「ひとり力」のある暮らしかた

阪口ゆうこ
SAKAGUCHI Yuko

はじめに

最近、離婚される方やシングルのおかあさんたちが増えています。また、いまは家族といても、これから家族から「独立」する予定の方や、もしかしたら、自分のやりたいことに備えて、前向きに家族を「解散」しようと考えている方や距離を持ちたいと感じている方もいるかもしれません。もちろん、一生、シングルの人生を楽しみたいと思われている方もいるでしょう。

女性の生き方は多様です。「正解」なんてどこにもありません。それが受け入れられる時代がやってくる空気を全身でビシビシ感じています。

テレビや雑誌、SNSなどでは、驚くほど多くの方が自分の生き方が誰のものよりも最高‼ と言わんばかりに自分のライフスタイルをおしむことなく公開しています。


いい時代だと思うのですが、そのまま突き進まずちょっと立ち止まってみませんか。マスコミやSNSで連日紹介されている暮らしが、本当にベスト？

あなたの理想の暮らしですか？

そもそも暮らしに理想って必要ですか？ 自分の心のずーっと奥にある「本当の声」に耳を傾けていますか。


この本では、平凡な暮らしを漫然と続けていた私が、自分を変えていくために、自分の「本当の声」に耳を傾けて考えたこと、実践したことをご紹介します。

その中でも、いちばんのテーマは「ひとり力」。

家庭のある人も、シングルでいる人も、これからシングルになる人も、自分に正直になることで、「ひとり力」は強くなります。

どんな人生でも、自分の考えで、自分の足で立って生きていくことは大切です。

家族といようが、パートナーといようが、ひとりでいようが、結局、自分の心に素直であることが、人生をよりよく生きることにつながります。

私は滋賀県在住の4人家族、どう見てもどこにでもいそうな主婦です。

小さい頃から人生の明確な目標もなく、なんとなく生きてきました。

よくいえば天真爛漫《てんしんらんまん》、オブラートなしで申せば何も考えていない子でした。

大きくなったら自分が変わるかな、大人になったら自分が変わるかな、結婚したら……子どもを産んだら……と、いつかキラッと光る幸せを手に入れられるんじゃないかと希望だけは胸一杯に持っていた記憶があります。

しかし、何も努力をしないんだから、当然、何も変わることなく、中身は子どもの頃となんら変わりなく、なんとなくそれとなく大人になり、母にもなってしまいました。

料理も片付けも家計管理も苦手、趣味も特技もないし、これといって取り柄もない。しいて言えば、テレビを観たり、文章を書くことだけはまあまあ好きかな~という、やっぱりどこにでもいそうな主婦になりました。

結婚して子どもを持ってからの日々は忙しく、気づいたら30代目前でした。

小さい頃から母に言われていた「人生は1回しかない」という言葉が脳内で無限ループしはじめたのもその頃です。

「変わらなきゃ」と思っているけど、「変わり方」がわからない、どういうふうな暮らしをすればよくなるかわからない。そうこうしているうちに人生が終わっちゃう！　と、なんとなく生きている自分に焦ったのも、実はここ数年のお話なのです。

とにかく破滅的に家が散らかっており、同時になくしものは頻繁、準備にもたつき万年遅刻、無駄買いも多く、家計は毎月ギリギリどころか真っ赤な状態。

その目の前の現実から逃げたい一心で、私は一念発起して家の片付けをはじめました。そして何年もかけて、その過程を日記のようにブログに書き綴《つづ》りました。いまもそのブログは続いています。

2年ほど書き続けた頃から、いろんな媒体からお声がかかって少しずつフリーペーパーや雑誌でコラムを書かせてもらえるようになりました。わずかながらも収入も発生するようになり、接客などのアルバイトもはじめ、いい風が吹きはじめているように感じていました。

そんなある日、子育てに対して夫婦の価値観に違いが生じて話し合いがヒートアップしてしまったことがありました。

私はとめどもなく涙が出てくるし、夫はいらだってだんまり状態。

その日はあまりにも夫が憎々しすぎて、離婚の方法やらアパート探しやら、家のパソコンで検索しまくり、「こんな家出てってやる！」なんて頭からもうもうと煙を出していたのです。

しかし検索すればするほど、私がひとりで暮らしていくことが無理難題でありいかに困難かという現実にぶち当たりました。

家賃や生活費はどうするのか、家事も仕事も苦手意識が強いのにこの先ひとりでもやっていけるのか、ひとりじゃ生きていくことすらできないんじゃないかって。

静かにノートパソコンを閉じて、深夜にひとりでしくしく泣いたのを覚えています。


私はみんなで一緒にいたいから家族と暮らしているものだとばかり思っていました。

そう思っていたけど……。

それも正解だけど……。

「一緒にいるのはひとりでは生きていけないから？」なのかもしれない。

その日はちょっと日々の暮らしのニュアンスが違って思えたのです。

「人生が変わる！」とか、「明るい未来が待っている！」なんてキラキラしたタイトルの本が本屋さんに並び、ネットでもいろいろな人の暮らし方や、コツや工夫なんかを得られるいまの世の中です。

「ひとりでは生きていけない」と泣いた夜から、何十冊もの暮らしのスタイル本を読んで、主婦から企業の社長から歴史上の偉人から、さまざまなタイプの方の生き方の情報やコツを得て、片っ端から真似できそうなことを自分の暮らしに反映させてきました。

そこでおもしろいことに気づいたのです。

多くの方が簡単だということが自分には難しいこともある。しかし一方で、私には簡単に感じることでもほかの誰かには難しいことがたくさんあるのでは？

考え方も暮らし方も学べば学ぶほど、自分独自の固有の力、ニッチな力、マイノリティな力をたくさん知ることができました。


自分にもできることがいろいろある！

ほかの誰かが良いとする方法をやるよりも、自分の直感で進めた方がうまくいくことも体感できました。

ときどき、誰かの意見に合わせてみたりもしましたが、やはり上手くいきませんでした。

料理や食事も既存のレシピやノウハウなどではなく、自分が健やかで幸せだと感じる食べ方にしてみました。

食事が「自分流」「自分好み」だと一気に暮らしは華やぎます。

得意だと思っていた片付けも、そもそもしなくてもいい無駄な家事なんじゃないかなと考えるようになりました。

家計も、育児も、人との関係も、多くの方が「絶対コレ！」というやり方でも、「本当は自分には当てはまらないのではないかな？」と疑ってみることにしました。

衣食住、人間関係、仕事の流儀、多くの人がそうじゃないと言っても、自分だけの偏った考え方であっても、一度自分の思いのままに動いてみようと決めました。

自分の直観を信じる。自分の「心の声」を大事にする。
マスコミや他人の声にふりまわされない。
そうすると世界は変わります。

「ひとり」でも生きていける自信、もしも「ひとり」になったとしても
生きていける力を身につけはじめたら、とても堂々と生きていけるよう
になったと感じています。
忖度《そんたく》なしで自分の意見を相手に伝えることができるようになりました。
責任を持って自分の判断で行動ができるようになりました。
きっと「ひとり」でも生きていけます。
「自分だけの力」でも生きていくことができます。

いつからか、「ひとりでは生きていけないから」という理由で家族と暮らすのではなく、自分が自ら選んで、好きで家族と一緒に暮らせるようになりました。

では、私が「ひとり力」に磨きをかけるために実践した暮らし方を紹介していきます。

「ひとり力」のある暮らしかた　もくじ

「食」

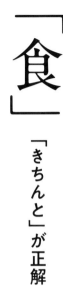

「住」

大掃除なんか必要ない

113

●家計簿はいらない　●少ないもので暮らす　●捨てることを思って買う　●パッケージのマジック　●中身待ち容器の無駄　●土産物ループを断つ　●愛着品はひとつで輝く　●使用頻度の少ないものは不要　●人生の基盤　●大掃除廃業　●畳み過ぎてない？　●水まわりの不要品　●寝室はベッドだけ　●「きっかけ」を知る　●マットはいらない　●タオルは一種類で

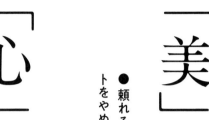

デザイン　土屋 光（Perfect Vacuum）
イラスト　上路ナオ子

「衣」

流行のボーダーシャツを脱ごう

記憶できる服の数

洋服を買いに出かけると、さまざまな色あいのさまざまな形の服に目を奪われる。

多種多様なアイテムをそろえておけば、なぜか安心な気分になる。

会うたびに違ったアイテムを使って着飾っている人はアイデアが豊富でおしゃれな人に見える。

でも、多種多様なアイテムをたくさん持っていれば持っているだけ、本当におしゃれなのでしょうか。

私はいつからか、そんな考え方はやめました。
私が持っているのは記憶ができるだけの数だけ。大事なのはここ。記憶力が乏しい私のクローゼットは、実際のところトップスは6枚程度でボトムズは4枚程度というとんでもなくミニマルなクローゼットだったりします。

でもね、これが案外心地よかったりするのです。
というのもここだけの話、人は好きなものしか覚えていられないらしい。

つまりは、私のクローゼットの服は全部が「一張羅《いっちょうら》」といううれしい状況となります。クローゼットにあるのに主人に忘れ去られている服は一枚もないのです。

これは軽く「事件」です。

「毎日好きな服を着ている＝おしゃれができている」ということなのだから。

ということで、私の場合ではございますが、服の数が少ない方が断然おしゃれでいられるんです。毎日、悩むことなく、洋服に袖を通すのが楽しいです。

忘れられてしまった服って、残念ですがなかった服と同じ。

愛情が持てなかった服なんです。

おしゃれになりたけりゃ、一度自分の記憶に頼ってください。

「一応持っておく」という病

実は私、スカートをはくシーンが日常でゼロなのです。

家事、仕事……忙しくかけまわらなければいけないことの多い日常のシーンで、スカートは気をつかわないといけないことが多くて選ぶことがないのです。

スカートをはいている自分が嫌いというわけではないのです。

自分に適していて、好きな格好がパンツスタイルなのです。


しかし……。

「ちゃんとしたシーンで必要になるかもしれない」

「お呼ばれしたときに着る必要があるかもしれない」


そんなことを考えてスカートを「一応持っておく」状態で2年保管。

そして「一応持っていただけ」で終わった無情な2年保管。

スカートがなくても何のとどこおりもなく2年が過ぎた。

収納ケースの中でヘビロテのパンツの重みに耐えて、スカートがのし・・・イカのようにぺたんこになった悲しき2年……。


「一応持っておく」の「一応」ってなんでしょうか。

「一応持っておく」

「とりあえず持っておく」

それは自信がなく諦めの悪い自分のセコさから生まれているようにも

思えます。

いまだに「一応持っておく」状態の私のスカートは、そのまま3年目に突入。

再びのしイカ状態アゲイン……。

礼服もパンツ、フォーマルもパンツ、2年間そんなスタイルでやってこられてしまいました。

単純に、自分が心地よい好きなスタイルを選んだ結果です。

女性だからといって「一応」のスカートなんて不要です。

スカートをはきたいと思えるときにまたスカートを持ちたいと思います。セコい自分も、のしイカスカートと一緒に捨て去ることを、いま、心に誓います。

思い切り捨て去るのも、「ひとり力」を身につけるレッスン。身軽なほうがどこへでも行けるから。

「間違いない」で間違いに気づく

「これを着ていたら間違いない」という発想はもうやめました。
ボーダー柄はその中でもいちばんの「間違いない」ものの定番ではないでしょうか。
ど定番の中のど定番。キングオブ柄といえばボーダー柄。
忘れもしない数年前のこと。
PTAの集まりに夫婦で参加しました。
わが子の学校はマンモス校のため、ひとつの学年だけでもけっこうな人数がいます。

言い方はよくないですが、きれいに整列なんてされた日には、集合体恐怖症の私はヒィー!! なわけです。

その日は親子で遊ぶイベントがありました。生徒たちの親御さんも、たくさんの参加があり、体育館には所狭しと人、人、人の群れ。ヒィー!!


その中で私たちもイベントを楽しんでいたのです。

そうしたら、夫がおもむろに、眉を寄せて「目がチカチカするぅ〜」って笑ったのです。

その言葉でふと気づいたのです。

そこにいた奥様方の3分の1の人が色とりどりのボーダーTシャツを着ていたのです。

そして私も当然のごとく、これでもかというくらいがっつり定番の

ボーダーTシャツで……。

「これってドレスコードなの？（笑）」

夫に眼精疲労を起こさせたのはわれらボーダー族。

あまりにもボーダーがかぶり過ぎていて、恥ずかしさが溢れだし、堂々としていられなくなりました。

その後、体育館の中で、2回ほど『ウォーリーをさがせ！』ばりに、ボーダーの波に擬態する私を見失った夫。後日、イベントの集合写真を見てまだ「ヨコシマ族」を笑っていました。

思えば、幼き頃の子どもたちが私の似顔絵を描いてくれるときはいつも、私の衣装はボーダーのTシャツでした。それぐらい着ていたのです。3着以上は常備していました（何にでも合うからな‼）。

実際、私の中で、ボーダーを着ていたら間違いないんじゃないのと、どこかで心の手抜き的な感覚があったのは否めません。

そこで、思い切ってボーダーをやめてみたのです。

みんな着ているから着ている——。「これさえ着ていれば問題ないんでしょ」と思っていた自分に気づいたから。

着なくなってみたのですが、驚くほどなんの問題もないです。

好きじゃなかったんだとすぐ納得しましたし、同時にまわりの目や評価を気にしてたんだなと感じました。

他人や世間が好きなものではなく、やはり自分が好きなものを着ないと。

いま思えばあの経験が「ひとり力」の芽生えだったのかも。

みんなで「間違いない」を着るから、自分の間違いに気づけるのかもしれません。

人は服では決まらない

数年前から白・黒・紺・グレーばかりの寒色極まりないクローゼット。とても好きなのです。

でもある日、「いつもそういう暗い色を着ているね」と言われて、となんでもなく気にしたことがあります。

私自身が暗いって言われたわけじゃないのに。

むしろそう言われたことで、気にしてしまって、さらに気分が暗くなっていってしまいました。

その後は、驚くほど素直に色味のある服に挑戦しました。

赤やオレンジのような強い色を着たり、チェックや幾何学柄のような明るい印象のものを着たり、それはそれは孤独な戦いでした。

夫が似合うと言ってくれるものは娘からはNGが出たり。

みんなが似合うというものは自分がそこまで好きじゃなかったり。

結局、シックな色が好きという事実を偽ることができず、今現在はまた寒色が9割を占めるクローゼットに戻っています。

私が考える限りでは「好き」という感情は世界一気高い感覚ですね。

ちなみに「美味しい」が感情ランキング第2位だと思ってます。


あのとき、明るい服を試して失敗してよかったと思っています。

素敵な答えがわかったから。

洋服は人に強い印象を与えるけど、その人の本質が決まるわけではない。明るい色を好む人が明るいとは限らない。私は好きな色が「暗い色」

なだけ。

私の場合ですが、性格のほうは、わりと大雑把でド厚かましく、馴れ馴れしさには定評があるくらいなので、洋服の色ぐらいはダークに抑えていてちょうどバランスがいいんじゃないだろうか。なんて、いまは厚かましさを超越したプラス思考で思えています。

これで派手な色使いで奇抜なデザインを好んでいたら、中も外もとっちらかった人だったと思う。恐らく、小さい子どもさんは気軽には寄ってこなくなるでしょう。

中身と外見は、陰と陽のごとく、とてもバランスが取れていますね。

着ているものでその人の本質は決まらない。

友人や家族の持つ印象に左右される必要はありません。自分の大好きなことは、自分でしかわからない。それを信じていい。みんなといても自分を大事にするのが「ひとり力」を育む秘訣です。

試着でしかわからないこと

ネットでポチッとして服を買うのはもはややめました。

絶対試着主義です。

「試着しましょう」とプラカードを持って街を歩いてもいいくらいに。

現代は便利なもので、ネットで選んで自宅で待つだけだけど、万が一自分に似合わないものが自宅に届いたら……返品はうんざりするほど面倒です。失敗してもまた果敢に同じネット通販で探すのも、もういいよ……ってなりますよね。「お客様の都合での返品はご遠慮願います」の文字が見えたら、アウトです。やはりその場で見て試して買うのがいちばん。

そして、届いてから知らなかった情報が、あとから山ほど攻めてくるのも知っています。

「思っていた肌触りじゃない」
「袖丈が思っていた長さじゃない」
「実物のほうが画像よりも色が濃い薄い……」

オブラートなしで申せば、自分の見た目に自信がない人ほど試着したほうが最終的には絶対よいと思います。よし、プラカードに付け加えよう。失敗の危険を察知しての絶対試着ルールなのです。おキレイな方は何着ても似合いますからね。

自分の目で見て、欲しいものが見当たらなかったら店員さんにどんなものを探しているかということと、予算を伝える。一緒に探してもらって試着もする。

予算を言うことが、恥ずかしいことだと思ってる方も多いけど、よくよく考えたら恥ずかしいことはなにひとつない。

欲しいアイテムを購入可能な範囲で一緒に探して欲しいと言っているだけなんだから。

私自身も販売の仕事をしているのです（アルバイト時給900円）。

でも、正直、予算などの人のお財布事情を聞いてもなんとも思わないし、個人の適正な価格で買ってもらうのがいちばんいいと思っています。

結局、店員さんに予算を伝えたほうが話しが早いし、洋服の特徴も教えてもらえるし、着方や合わせ方なんかも話してくれる。

実は店員さんに声をかけるのがいちばん効率がいい。

試着を忌み嫌っていた昔の私は、「買わされる」という意識が強く、似合ってもいないのに似合うとか言われるんじゃなかろうかという疑心が強かったのです。

でも、店員の立場からしたら、「やっぱりやめときます」はびっくりするくらい慣れっ子なのです(「買わせよう」なんて1ミリも思ってない)。予算は自分の懐事情を知られる感じがして恥ずかしくて言えなかったのはあります。

でも恥じることなんて何もないんですよね。

「やっぱりやめときます」は試着でしか通用しない。

考え方を変えれば、試着もたいしたプレッシャーではありません。

「ひとり力」とは意志の強さではなく、アクションを起こしてみることなのです。

流行を語れる人はいない

流行はこちらから追わない。

世間の流行っていうのは、冷静に考えてみれば「多くの人がハマっていること」ってだけです。

他人が「好き」なアイテムをあえて着なくてもいい構えの私です。ここ、「ひとり力」をつけるために役立ちます。

阪口「こういうボリュームのある袖、最近よく見ますよね」

店員「そうそう、今季流行ってるんですよ！」

阪口「パンツも太め多いですよね」
店員「そうそう、根強く流行ってるんですよ！」
阪口「逆にこんな細身のトップスも推してるんだ」
店員「そうそう、これも逆に流行ってるんですよね！」
阪口「結局はピタッとしたパンツも人気なんですね」
店員「そうなんですよ〜　これも定番としてずっと流行ってて！」

……で、結局どれが本当に流行っているのかと、小一時間。

このようなやりとり、何度かしたことがあります。

こんなにいろんなものが流通して、さまざまなスタイルが容易にできる世の中ですから、「自分のスタイルを持ってる人」がいちばん流行の最先端なのではないでしょうか。

何がいまの流行か明確に言える人っていうのはいまの時代、実はものすごく少ない。

買うときは自分を過小評価する

好きだったら管理の手間はいとわない、そんなモノの選び方はそろそろ終わりにしたい。

気持ちが大事さ！　愛は逆境を乗り越えるはず！　と、売り場では自分の愛を信じて買っても、リアルな事情、やっぱり、管理に努力が必要なものは着なくなる。

面倒くさいものは面倒くさい。

私の苦手の代表は、アイロン、手洗い、平干し。
個人的にはネット洗いが面倒くさくないと面倒くさいの境界線ギリギリ。

手洗いが好きな人もいるし、ネット洗いですら面倒くさくてできないって人もいる。

店員さんが「手洗いなんて簡単ですよ」と言っても、そんなのは他人の基準であり、正直申せばどうでもいいのです。着るのは、洗うのは、店員さんではなく自分なんですから。人の顔色を見て同調するのをやめることで、「ひとり力」は自然とついてきます。

要は自分がどこまでがんばれるかを知ることが重要なのです。
一方で、自分ができないことを知るのが重要。
「私にはハードルが高いです」と伝えるのは恥ずかしいことではないのです。

管理が自分レベルの洋服ばかりであれば、クローゼットの中にはわずらわしい管理のいらない洋服だけになります。

クローゼットで洋服を選ぶ際に、「これを着たいけど、手洗いが面倒くさいんだよなぁ」と思うこともなくなります。

洋服を買うときは自分を過信しない。それどころか、自分を過小評価するようにしてます。どれだけ好きでも、「要手洗い」「要アイロン」と書いてあれば買いません。

高級品が似合うとは限らない

同じ用途のもので安いものと高いものがあれば、漠然と高いほうが、品質がよいのではと思っていました。でもそれは一概にはいえません。

娘の学校の制服の下に着るセーターを学校用品店に買いに行ったときの話、店頭に並んでいた日本製のニットが、隣に並ぶ外国製品のニットの2倍の値段でした。

店主はものすごく力を入れて、日本製ニットをなでなでしながら、品質のよさを説明してくれました。

どうぞおふたり、触ってみてもらったら違いがわかります。

ナデナデ…ナデナデナデ…ナデナデナデナデ……ん？


恐ろしいことに、実際触り比べてみてもさっぱり違いがわからなかったのです。

「ねー！　いいでしょ!?　全然ちがうでしょー？」

店主に言われるがまま、一緒にニットの触り比べをしていた娘の目を見たら、世界水泳ばりに目が泳いでバタフライしていました。

あ、ここにも違いのわからない人が。


日本製ニットのほうを店主がゴリゴリに推していたため、私たちはとんでもなく気押《けお》されてたじろぎました。

店主が推してない方を選んだら、店主はがっかりして、態度が冷たくなるんじゃないか、なんてことも思いました。

なぜだったのか、たいしてできてもいない店主との信頼関係を心配していたのです。

多くの人が、「いいものだ」と自信満々に勧められると弱いと言います。こちらも見ず知らずの相手でも喜ばせたいという優しい気持ちがあり、それに応えられないという気まずい気持ちもあり……。

私も例外ではありません。

でも、それで買ってたら、「ひとり力」どころではなく、「他人力」じゃないですか。

ものすごく言いにくかったけど意を決して「うちはこちら（外国製）で充分です」と言いました。

むしろ、言うぞ！　と決めてから言葉を発したからか、堂々と言い過ぎました。

そしたら店主が。「じゃあこちらのセーターですね！　お買い上げありがとうございます！」ってね。

……なんだ！　普通だな！　店主！　と安堵しました。

いままでなら、高価な理由を並べられたら納得できていなくても、よいものだと信じて買ってきたけれど……。

期待値より高い品質のものを買う必要はないとそのとき思いました。品質も価格も自分が納得できているものを選ぶのがこの先の人生において必要なのではないかと。

キレイごとは言わない。お金はやはり大事だ。

いまから、漠然と高いほうを選ぶ癖を直そう。

自分たちの身の丈に合った、納得できるほうを選ぶ癖をつけよう。

そう心に誓いながら店を出る私たち母子には後光がさしていた（……

に違いない)。

あの日の安いほうのニットを着た娘は、何の問題もなく、今日もご機嫌で学校に通っている。

「自分基準」で選ぶ服

どうせ買うなら、似合う洋服が着たい！　世の多くの女性は思っています。

それはそう思いますよね。

私も例外ではない。

でも、似合う洋服の診断はもうしないことにしている。

もう何年も前の話ですが、体の形から似合う洋服の形を診てくれる骨格診断とやらを受けたとき、ことごとく「じゃないほう」のアイテムが似合うと言われた。

私は納得がいきませんでした。

結局その後も他人が似合うと言ったその服を着なかった。

これまた何年か前の話ですが、生まれ持った目や髪の色と、個性や雰囲気が調和する色を診てくれるカラー診断とやらを受けたとき、ことごとく「じゃないほう」の色が似合うと言われた。

私は納得がいきませんでした。

結局その後も他人が似合うと言ったその色を身につけなかった。

いくら好きな洋服の色があっても、診断してもらって「じゃないほう」だったときは、正直言って、迷いが生じます。「他人からの目は関係なくてよ」と、堂々としたかったけど、チキンハートの私には無理でした。

自分が好きな洋服がマッチしていないとジャッジされたときに、大きくたじろぎます。いまでも新しい洋服を選ぶときには、診断結果がチラつくことも。

自分では似合うと思わなかったものが似合うって言われてるんですもの。え？　ほんと？　って思いましたし、それ本気で言ってる？　って激しく疑問に思いました。いくら理論上の話だと言われても、遊びで診断を受けたとしても、影響されるもんはされるのです。

「じゃないほう」を診断で選ばれたことで、洋服診断は私の中に凝り固まった他人の考え方を植え付けられるイメージになり、同時に私の心を大きくかき乱すのでもうやらないと心に誓いました。


もしもいま私が好んで着ている服が、他人の目から見て似合わない服だったとしても私は何とも思いません。

自分が堂々と胸を張っていられる服がいちばん似合っていて格好いいのではないのかな。

似合う服は自分で決める。他人の軸は捨ててしまっても大丈夫。むしろ捨てたほうがいい人もいる。

女子だからバッグを持つ？

女子は荷物が多いというイメージから、女子はバッグが必須のイメージですよね。

でも私は、荷物がポケットで事足りるようなら、持ちません。

荷物が少なすぎて、逆にアンバランスなのです。

荷物が破格に少ないのです。

軽くご飯に行くときや徒歩圏内に飲みに行く程度ならば、小さい財布とiPhoneがあれば問題なしです。財布は私の小さい手でも包み込めるレベルのサイズ、家の鍵はiPhoneに内蔵されているスマートキーなので、このふたつがあれば基本的に問題がないのです。ちょっと遠方だったとしても、ハンカチやティッシュもポケットに入れちゃいます。

待ち合わせた人には、ほぼ100%の確率で「コンビニかよ」、もしくは「女子なのに手ぶらかよ」のどちらかを言われます。


荷物が多かった数年前の私は、友人とご飯に行くときでも、必ずバッグを持参していました。

財布に携帯にキーケースに化粧ポーチに単行本数冊に手帳に文房具に携帯の充電器にマイボトル……。

お出かけ先で「もしかしたら必要になるかもしれない」ものをたくさん持っていました。

メイクのお直しをするかもしれないから持参していた化粧ポーチは、メイクのお直しをしないので持っていただけ。

読む時間ができるかもしれないから持参していた数冊の単行本は、出番がなくてただただ重いだけ。

書き留めるようなことがあるかもしれないから持参していた手帳や文房具は、本気で一度も出したことがない。

iPhoneの充電がなくなったとき用に持参していた充電器は、仕事で出掛けたとき以外で要したことは一度もない。

マイボトルに関しては、まさかのなぜ持っていたかすら覚えていない状態。

「もしかしたら必要になるかもしれない」は「もしかしたらずっと不要かもしれない」と同義。

案の定、ほとんどが不要でした。

出かけた日は、帰宅と同時にバッグの中身を出す私です。

毎回毎回、化粧ポーチや単行本を、今日も使わなかったなぁ……と思いながら元の位置に戻すのがバカバカしくなってやめてみました。

あまりにも女子力という謎の概念を周囲からぶつけられるので、女子としてどうなのか？　と何度も何度も自問自答しました。

しかし何度考えても、行き着く答えは、「女子がバッグを持つのは絶対ではない」。そう、いまは女子力よりも自分の思い、つまり「ひとり力」を構築している真っ最中です。優先させたほうが気持ちが楽になれることっていっぱいあるのです。


両手が空いているというフリーダムな感覚が楽すぎていまも手ぶら派です。帰宅後の片付けも簡単すぎて、もう荷物の多い私には戻れそうにないです。

いまでは、帰宅した後、ポケットの中身を出して元の位置に戻すだけ。スマホの定位置はリビングにあり、鍵と財布もリビングの隣のキッチンが定位置なので片付けは正直、秒です。

荷物が多かった頃は、そもそもバッグから荷物を出して片付けるという作業すらなくて、バッグの中は常に荷物が入れっぱなしの状態。そういう存在になるとブラックホールのようになんでも放り込むもんだから、食べ終えたお菓子のパッケージや、飲み終えたペットボトルのようなゴミなんかもよく混じっていました。

誰かがのぞき込んできた日にゃ、何かマズイものでも持っているかのように、見られないように避けていましたよね。好感度が下がる！　と防衛本能が激しく働いたバッグでした。

いまは、逆にこちらからポケットの中をお見せしたいくらいです、iPhoneと財布だけです！　と胸を張って見せてあげたい。誰も見たがってくれないけど。小さい財布とiPhone兼鍵のふたつをポケットに入れて堂々手ぶら。自分にとって必要なものがわかっているからこその荷物量であり、手ぶらです。バッグに荷物が多い人は、自分にとって大事なものがまだわかっていないのかもしれませんよ。

スマホは持ち主を映す

わからないことを調べたり、誰かと連絡を取ったり、支払いをしたり、スケジュールや重要な情報を残しておいたり、自分を表現したりと、いまの時代、スマホは必須のツールであり、自分の情報だけではなく知り合いの連絡先などの他人の情報も満載の、なくてはならない重要ツールです。

あれ？　スマホがない。という状況に陥ったとき、取り乱さず冷静だった人間を私はいまだかつて見たことがありません。

そして、スマホが見当たらないだけで謎の底知れぬパワーで血眼《ちまなこ》になって探すことを知っています。

あまりにも見つからないときは、「絶対そんなところから出てきませんよ」と思うようなところまで血迷って探してしまうことも知っています。

どこをどう探しても見つからないとき、そしてバックアップを最近取っていないという絶望的な現実に直面したとき、人はこの世の終わりのようにメンタルがどん底まで落ちることを知っています。

まあ最後のふたつは私の経験なんですけど。

そんな一心同体、唯一無二の存在のスマホは、持ち主自身を表しているなぁと感じます。

画面にビビッと入ったひび割れを見つけたり、インパクト満載のド派手なケース、オイリーな画面の汚れは、その人自身の行動を映しだし、まわりにも予想外によくない印象を植え付けるかもと危機感を持っています。

画面にヒビが入るのは、落とすかぶつけるかのほぼ2択。ということは、注意が足らず扱いが雑なわけです。スマホが勝手に落ちたなんて命を宿しているみたいに言う方もおられますが、必ず扱う側のミスでヒビはできます。

私もヒビを作ったことが何度かありますが、片手がふさがっているから両手で操作しなかったり、手袋のまま屋外で触ったり、そりゃ落とすでしょ、という状況のときしか落としたことがないです。いわゆるひとつの注意力散漫。

そしていつまでもヒビ割れを放置する方は、物事を後回しにする人。私も、ヒビを放置していることを、他の人に指摘されたことがあるのですが、だらしなさを見抜かれた気がしてドキッとした記憶があります。

子どもにやられたという方も、いろんな情報が入ったツールを子どもに渡す時点で、責任感のない人なのかなあという印象が否めません。

何度も何度も、謎の無言？　雑音？　電話が繰り返しかかってきたことがありますが「ごめーん。子どもが勝手にかけた」と笑って言われた時は、残念な気持ちになりました。私は私以外の人の情報もたくさん入った大事なツールを、他人や子どもに持たせるということはありません。もしも日々のプライベートな画像が流出したら……他人の情報を守れなかったら……そう考えただけでゾッとします。

ほかにも、派手なケースは主張が強く、まわりの目を気にする人という印象を受けるし、画面の汚れや脂っぽさを気にしない人は、大雑把な印象を受けます。

いま当てはまった人はドキ！　ですよね。当たってませんか？

私わかるんです。というのもね……自慢じゃないけど数年前の私の

iPhoneはどれも該当していました。

ヒビ放置、ごてごてしたインパクトのあるカバー、何か食べながら触るから画面に指紋。ついでに申せばアプリはギュウギュウ、不要な情報も画像もたくさん入れていました。

でもいま思えば、大雑把だったし、物事をなんでも先延ばしにするタイプだったし、だらしなさもいま以上に持ってたし、不要なものもたくさん持ってた！　スマホから見える印象は間違ってはいなかったと思う。

私のいまのスマホは、まさかのケースなしです。待ち受け画面はアプリが見えやすいように単色一色です。落として画面にヒビを作らないように操作する場所も選びます。万が一落としたら即で修理の構えです。

スマホを自分の分身のように考えてきたからか、自分自身を大事にすると同時に、スマホの扱いもどんどん丁寧なものに変わってきました。

もしかしたら、あなたが自分自身を大事にしているかどうかはスマホが勝手に語っているのかもしれません。

フォーマル服のルールはない

しっかりしたフォーマルは手に入れる前にちょっと考えたいところです。

年に数回しか着ない、もしくは着ない年もあるようなものは持つ意味があるのでしょうか。

悲しみごとは急にあるものです。数年ぶりに着た礼服が恐ろしいほどにきつい……デザインが若すぎて変！　なんてことはよくある話。

まあこれも私の話なんですけどね。

10代の頃に買った喪服を、7、8年ほどの期間着ていませんでした。幸せなことに悲しみごとがなかったのです。しかし、子どもの卒園式で超久しぶりに着るシーンがきて試着した時、鏡の前で震えましたよね。卒園式をボイコットしたいと。

デザインがべらぼうにかわいらしく、どう見ても若い娘さん向きであり、鏡の中のアラサーの私はめっちゃがんばってる感が止めどなく溢れていました。

控えめに言ってキツイ……!

さらに子どもを産んでたくましくなったらしく、自分の意識とは反して突っ張るシャキッとした背筋。スカートのインナーのペチコートが名前の通り太ももにペッチペチ。

もはや猫背矯正ギプスと化した補正力120点満点の私の喪服には、

絶望しか感じませんでした。

2回しか着てない……！

頭の中では、喪服の価格÷着た回数が何度もグルグル回っていました。

それを機に、私は普段でも着られるような黒のブラウスとちゃんとした形のパンツのセットを、礼服としても着られるようにいつも持っています。

普段から着ていれば、いざ必要なときに焦ることも、必要以上に背筋を使うことだってないのです。

上下黒で光沢がなければ、ルール上では充分すぎると思っています。

3年前、私の祖母が亡くなったとき。

訃報を聞いて駆けつけてくれた近所の方たちは、畑仕事の途中だったのか、土のついた服やエプロン姿でした。

「こんな格好ですんませんね」とおっしゃっていましたが、孫である私は、正直格好なんてどうでもよかった。

「ゆうこちゃん、大きくなったんやねえ。おばあちゃんおらんようになって悲しいねえ」

仕事の途中で祖母の話を聞いて、急いで会いに来てくれた気持ちが温かくてうれしくて仕方がなかった。

私の気持ちにまで寄り添ってくださったことには感謝しかない。


あのシーンで、マナーがないなんて誰が言えるのでしょうか。

あの場でいちばん大事なのは、洋服のマナーやルールを守ることではなく、故人を心から思うことと、やさしさを持ち寄ることだと知りました。

ヒールは履かない

まわりの目を気にして、セミフォーマルのようなちゃんとした洋服を着る日は華奢なヒールの靴を履いていた時があった。

20代に入った頃、「あなたも将来のためにヒールに慣れておいたほうがいいよ」と、近しい人に言われたことがある。

「ちゃんとしたシーンでの、大人の女性の足元はヒール」

いまでもそのイメージは世間的に当たり前のようにあると感じます。

私は10代のときにヒールデビューをしました。

記憶に残る10代の頃のヒールのサンダルは、容赦なく私の肉厚な足の甲を締め付け、靴擦《くつず》れが何度も何度もでき、戦った証《あかし》のように浅黒く跡が残りました。

同じくヒールのパンプスデビューをしたときの記憶では、誰に見せても驚かれる破格の長さを持つ私の足の中指が、パンプスの中でグネッと折れ曲がり、巻き爪および圧迫による痛みを帯びるようになりました。その靴はパンプスのメーカーのものであり、大手のデパートでフィッティングして買ったものだったので、品質は申し分ないと思われます、だから、もう何が何だかわからなかったです。

20代に突入する頃には、ヒールにしっかりとした苦手意識がありました。持っているのは「ちゃんとしたシーン用のパンプス」1セットだけ。

それからはずっと焦りがありました。

ヒールを履く機会が近づいてきたら、かつて私が言われたセリフである「あなたも将来のためにヒールに慣れておいたほうがいいよ」が、脳内リピートするのです。

案の定、ヒールを履く日には、普段履き慣れていないので膝が伸びず、人類の進化の途中みたいな歩き方で、もれなく靴擦れを作り、向こう何日も痛みに泣きました。

法事の合間に絆創膏《ばんそうこう》を買いに行ったこともあるし、移動中の車の中ではずっと半ベソで足を揉んでいました。

そんな失敗や怪我を繰り返しているうちに、バカバカしいと思うようになり、35歳のときに、ヒールのないペタンコのフォーマルパンプスを買いました。

いつからか、フォーマルのちゃんとした日でも、ヒールのないペタンコのパンプスを履くようになりました。ヒールなしのパンプスを入手してから何度も何度も「あなたも将来のためにヒールに慣れておいたほうがいいよ」というあの日の言葉を思い出しました。

そして同時に、「あなたのいまのためにヒールを捨ててもいいよ」と変換するべきだったよなと少し後悔しています。

女性だから女性らしく、男性だから男性らしくなんて誰も明確に説明ができないデタラメな概念は重要だとは思いません。老若男女問わず重要だと思うのは、いまのあなたがそれを着て、心身ともに気持ちよく過ごせるかどうか、重要なのはたったひとつのそれだけだと思います。女性だから、男性だからでなく、一個人として「ひとり力」で判断するようになって、とても解放されたような気がします。

ヒールはいまの自分になくても大丈夫。

長く着られる服はない

「高価な洋服＝よい服」と考えがち説。

高価な洋服は、それだけ上質な材料でできていたり、縫製などに手間暇がかかっているものが多いイメージ。

でも、高価な理由はほかにもある。

製作者やブランドのネームバリューという理由もあるし、単純に、「少ない数しか作られていないから」という可能性も大いにある。

高い理由は決して「上質」だけではない。

正直、質のいい素材でなくても、デザインや縫製がそれなりでも、有名な製作者やブランドが価格を設定したり、「世界に数着」だけのために工場を稼働させたり、人を使うとなると、価格はなんぼでも高くなるらしい。

しかし、その高価な洋服が自分にとって「よい」かどうかはまったく別もの。ここは「ひとり力」が試されるところ。

高価なものの大抵は見栄えもよいし、私のゴリゴリの素人目にもしっかりした作りになってるな〜とは感じるのですが、何年も着続けるのはどう考えても難しい。

私の経験から申せば、10年着られる洋服ってあります。私も夫も持っています。でもそれは物理的に着ることはできるというだけの話です。10年間普段着のように、着続けたかと問われたらNOですし、10年前着ていたピーク時のように、いまの時代でいまの自分で素敵に着ることができているのかと言われたら、とんでもないテンションで激しくNOと言わせていただきたいです。

娘によかれと思って「昔、気に入って着てたこのジャケットいる?」って聞いたら、このジャ……ぐらいのタイミングで「いらん」って言いましたもんね。せめて最後まで聞くのが親孝行ってもんではないでしょうか。

時代も自分もガンガン変わってくのにあの日のテンションで着ることができるということはない。せいぜい長くても素敵に着られるのは1、2年といったところではなかろうか。

好きな洋服を少しだけ持つようになってから、収入に見合わないような高価な洋服ばかりで揃えていたときがあります。いいものは長く着られる説を信じて。

レジ前で合計金額を言われたときに心がヒャ！　っとするのです。「高っ！　高っ！　高っ！」って。でも、大事に長く着るからと自分に言い聞かせてそのまま買います。少ない数の洋服で過ごす私は、買ったらものすごいヘビロテするのでせいぜいもつのは半年から1年です。2年はもちません。1シーズン着倒すと着用ダメージが容赦なく攻めてきます。洗濯すれば洗濯するほど、出なくていい相棒感が出ます。いいものは長く着られる説は正しいっちゃ正しいですが、物理的な面でも精神的な面でも長く素敵に着られるかと問われたらやっぱりNOです。

それを数年経験して、高い洋服でも安い洋服でも寿命は長くないと知りました。それを知ってしまうと、日々の晩ごはんに影響するほどのお金は洋服には出せないと冷静に思ってしまうようになりました。

いまでも雑誌やSNSやファッションブログなんかを見ていると、みんないい価格の洋服着てんな、と思うわけです。

商品リンクなんかが貼ってあって、のぞいてみると、トータルコーディネート8万円とか10万円とか。

おおおおお！　うちのひと月の食費超えてるじゃないかと。

被服代を抑えればわが家のヤングたちが食べるお肉のグレードが上がる、それは確実。格好つけて無理して買ってるならやめたほうがいいよおおお、と小声で言ってしまっている。

いい服を着て毎日お茶漬けを食べるのも嫌だし、ヨレヨレの10年服を着て高級なお寿司を食べるのも嫌。やはり、自分が心地いいと感じる身の丈ってもんがあると思います。

私は自分が無理していない価格の中で洋服を選ぼうと思います。分相応の服を着て、みんなで鍋でもつつきたいです。

老婆心という足かせ

「世間でいう、年相応の格好をしたほうがいいのではないかな」と漠然と考えさせられたことがあります。

色落ちしたデニムにスニーカーを履いています。と自身のブログに書いたら、「30代ならもっと落ち着いた格好をしたほうがいい」って言われたことがあります。

ほかにも、ペタンコのパンプスと、フォーマルのワンピースを公表したら、「30代ですよね。ちょっと格好がお若いんじゃない?」って言われたことがあります。

このふたつのコメントの枕詞は、「老婆心ながら……」。

ということは、このコメントを書いているのは私よりも人生経験が長い方、つまりは自分の経験もふまえてのコメントなのです。


そこで私は自分に置きかえて考えた。

歳の離れた若い女の子が、年齢に合っていると思えない格好をしていたら、私は老婆心ながらなんて声をかけるだろう……と。

……一瞬考えましたが、
え‼　絶対言わない‼　という結果になりました。

それはその人のイメージする基準に過ぎない。その人がよいと思っているだけ。

ついでに申せば、あなたのために言っているのよ、という言葉もその人がよいと思っているだけ。平たく言えば、相手に自分の思う通りになってほしいのです。

「ほんとうにそれがいいの？　あなたがよしとするその格好をしたら、私の人生が輝くの？」と考えたら、そんな風にはならないですよね。

私が変わって喜ぶのは老婆心をお持ちの方だけではないでしょうか。

私が普段どんな格好をしようと、その人や世間の人に、迷惑をかけることなんかなにもないわけでもないのです。

大好きな服を着ているときは背筋が伸びていて堂々とすることができ、年相応ならぬ自分相応でいられます。それがいちばん素敵だと思います。

年相応なんて考えても仕方のないことです。

「食」

「きちんと」が正解ではない

贅沢。ひとりごはん

ひとりのごはんだからといって我慢や節約という概念はありません。

私は特に料理が好きということはなく、映えるおしゃれごはんを作ったりもしない。

否、作れない。

どちらかというと苦手で、別に料理なんてしなくていいならしたくないのです。

否、しなきゃいけなくてもしたくない。

こんな私だから、料理をする上に我慢や節約なんてことをさらに上乗せで課せられると、料理は苦行中の苦行になってしまう。

昔は、自分ひとりだけのごはんなんだからとなるべく質素にして家計の負担を軽くしようとしていた。

冷凍ごはんをチンして、卵をかけて食べたりとか、残った塩昆布をまぶしておにぎりにしただけとか。

誰に求められたわけでもないのに、勝手に孤独すぎる戦いをしていたけど虚しかった。そこに心のゆとりはなかった。いまごろ、子どもたちは温かい給食を食べて、夫は社食で好きな定食を選んで食べてるのかなぁ……なんてことを想像しながら。

……な？　泣けるだろ？

しかも、それほど節約にならんかったっていうつらすぎるオチに終わりました。せめて家計に影響もたらせよ。

毎日残念な食事をしていてもそこまで節約になんてならないし、外にランチに行くなんてことがなければそこまで浪費にはならない。

ということで節約ひとりごはんはやめました。

いまは、好きなものを食べられるとにかく素敵な時間として超絶楽しみな時間でもあります。そう考えるようになったらごはんを作ることも全然苦じゃなくなった、私ってばつくづく勝手な生き物だわ。自分だけのごはんを考える時間は至福の時間に。

反対に、かけ足で食事を済ませなきゃいけないときやお腹がすいていないときは無理して食べません。3食は絶対ではないと思っています。

しかもテレビ観ながら、ネットフリックス観ながら、この時間があるから仕事ががんばれるってもんよと自分で自分をおめでたく正当化。

とってもフリーダム。食べることで大事なのは、心の豊かさだった。

ひとりでも家族みんなであっても幸せになる権利はある。

ゲスト用食器はいらない

わが家はかつて特別な食器をたくさん持っていた。特別な日にゲスト用の食器、特別な日に使うゲスト用のシャンパングラス。

しかし冷静に考えてみたら、特別な日なんてものは1年のうち数えるくらい。

わが家は一般家庭の中の中のど真ん中。

「ど」がつくくらいの一般ピープルっぷりで、シャンパンが登場するようなホームパーティーなんていう上流階級な催しを頻繁に開催する家庭ではない。

家を建てた10年前は少人数の友だちを呼んでいた。しかしその人数は2、3年で増加が一気に加速した。

多いときで20人以上の人が集まるレベルになってしまって、中流家庭の中の中の狭小住宅には物理的におさまらないようになりました。

それからは、友だちと集まるのはもっぱら外でBBQやキャンプになり、紙やプラスチックのコップやお皿のほうが断然使い勝手がよくなりました。

グラスを捨てられなかったのは、とにかく捨てることがもったいないと思っていたのと、いつかは使う日が来る！　いつか使う日よカモン！と現実に向き合っていなかったためだと思います。

ホームパーティーなんてありません。普通の家にしゃれたパーティーは、実際のところ、ありえません。

それから数年後、ワイングラスが埃《ほこり》をかぶってコテコテしていることに気づいた日、私はとんでもないテンションでそれらを捨てました。使ってなくてもこんなに汚れるなんて、嗚呼《ああ》、無情。ホームパーティーの夢と一緒にスローアウェイ。

そしてそのときに同時に手ばなしたものがあります。

1年に2度使っていた、お客様用のカップ&ソーサー。

家庭訪問は毎年4月後半から5月と決まっているから、家にあるグラスで冷たいお茶のほうがいいいんじゃないかと思って。

ゲスト用のシャンパングラスもゲスト用カップも、いまはありません。

捨ててみたけど、なんら変わりません。

むしろ、スペースができてゆったりほかの食器が置けるようになりました。

365日のうちの数日のために特別な食器をたくさん持ち、家の貴重なスペースを与えなくてもいいなといまは思います。

友だちとは頻繁に外でごはんを食べるし、先生方に関しても冷たいお茶を家にあるグラスで出して正解だった。5月は普通にめっちゃ暑い。

これで食器棚は必要なものばかりの食器棚に。

他人の考えや世間の常識ではなく、自分たちの考えや常識だけが詰まった食器棚に。そこはただただ使いやすく、快適でしかありません。

お得でお徳用？

お徳用がほんとうにお得かどうかは、使う人次第です。

調味料はたくさん入っているものが割安でお得なんだ、と思って買っていました。

塩や醤油や味噌など、使い切る自信があるものならなおさらね。

ところがどっこい、量が多いからこそ気持ちが大きくなってしまって、贅沢使いの常習犯になってしまった過去がある私です。

料理の失敗もなんのその、たくさんあるから大丈夫。

味付けも大雑把で豪快にいこう。たくさんあるから大丈夫。

いま思えば無駄使いでしかなかったと猛省しています。
それに、消費期限が近くなると焦っていっぱい使ったりね。
新鮮なうちに使いきれないことも多々ありました。

逆に使いきりサイズだと失敗に気をつけ、無駄なくきっちり使うようになります。

実は、お徳用サイズって、それほどお得じゃないと気づいてからは、新鮮なうちに使い切れる使い切りサイズばかりを買っています。

そして調味料の中でも、使う回数が少ないものは腐らせる可能性が高いので最初から買わないようにしています。

エスニック料理など、特別な材料を買わないとどうしても作れないようなものは、外で食べるようにしています。一度本格インドカレーを作ろうという話になり、ターメリック、カルダモン、ガラムマサラ、クミン、コリアンダーを保有しましたが、カレー以外の使い道がわからなすぎて、ことごとく友だちにもいらんと言われて、泣きながら捨てた記憶があります。……というのもスパイスを揃えるだけで数千円行きましたからね。しかもどのスパイスもちょこっとずつしか使わなかったし。さらにさらにトドメのように、カレーも外で食べた方が断然美味しかったですからね。

せめてせめて美味しくあれば‼︎（叫）

そんなこんなで、調味料のお徳用はお得に使えないと学習したわが家では、使い切りサイズの調味料ばかりを購入してそれはそれは大事に使い、最後まで使いきれないとジャッジした調味料は買わないことにして、家にある調味料で作れないものはサクッと外食でいただくことにしました。

ここ3年ほど、調味料ロスはゼロとなっています。ドヤ。

ゴミ箱を減らす

リビングにもダイニングにもキッチンにもと、ゴミ箱がそこら中に点在しているときは、ゴミをいつでも捨てられたためゴミへの意識が低かったです。すぐに捨てられるのでゴミを多く発生させていました。

私の住む自治体では、指定ゴミ袋を1年分の量一気にいただけることになっています。自治体からの配布量で足りなかったら、お金を出して購入することになります。それがベラボウに高い。こんな小さなビニール袋に数百円なんて絶対払いたくない‼ と配布された日に、怒りすら覚える私です。

……が、毎年配布される量では全然足りなかったわが家です。最後の2カ月あたりはお金を払って超過分のゴミ袋を購入していました。お察しの通り、買う瞬間は廃人のようです。

うちもちょっと足りないのよね～とおっしゃるご近所さんもおられましたが、そういうことをおっしゃるお宅の大体が小さなお子さんがいるお宅でね。わが家はオムツが取れて何年も経ってるのに、ゴミ袋が全然足りないだなんて。これはどうしたものかと考えて、ゴミ箱を減らしたのです。いままでリビングとダイニングとキッチンにあったゴミ箱を、まさかのキッチン1カ所のみに。

ゴミ箱を減らすと、すぐに効果が出ました。

わざわざゴミ箱まで移動してまで捨てるのが面倒くさくなったのもあり、買い物の段階からパッケージのゴミの出方を考えるようになりました。ゴミをできるだけ作らない意識が湧いて、過剰包装を断るようになりました。不要な紙袋もできるだけ遠慮する。書店でのブックカバーもいらない。スターバックスに行くときはマイボトルを持つ。

意識が高まっただけで、明らかにゴミが減りました。

ゴミ箱を減らした年から、ゴミ袋を現金で購入することがグッと減ったというほかにも、ゴミを回収する手間暇時間が減りました。ゴミの日に各部屋からゴミを回収する手間暇時間はゴミ箱の数だけかかります。3部屋目を回ったあたりから眉間には渓谷のようなシワ、シワ、シワ……。ゴミ箱の掃除や袋を張ったりなどのメンテナンスの手間暇時間も、これまたゴミ箱の数だけかかります。ぶっちゃけゴミ箱を洗う頻度は美しさを感じるほど、ゆるやかに静かに下降の一途を辿っていきました。

この手間暇時間がスコーンと減ったのですから、ゴミ箱が少ないことに慣れてしまえば、いいことしかないのです。

ゴミを減らしたければ、ゴミ箱を減らすのが手っ取り早いです。

欲しくないものはまずその根元から絶つ。洋服も人付き合いも。「ひとり力」は「ない暮らし」からはじまります。

外食は翌朝までのリフレッシュ

外で食べると高いから家でがんばって作る。
外食は無駄使いだと思っていたけど、準備やあとの管理を考えると、
何を食べるかによっては、外食の価値はぐんと増す。

どんだけいいお肉でも焼肉の翌日はムアーッと獣《けもの》の匂いがする。
お好み焼きの翌日も油でヌルっと床が滑る。
その日だけでなく翌日まで手間暇がかかる食事って結構ありますよね。
そういうメニューは堂々外食。

1日のはじまりに大いに影響を及ぼすから、翌日の清々しい朝時間の代金までを外食費として考える。作る手間と暇と後片づけなどの管理のしんどさと翌朝の気持ちも含めてサービス料として計算します。


他にも、揚げ物はやめました！

スーパーの惣菜コーナーにはさまざまな種類の揚げ物がすぐ食べられる状態で売っていますもんね。天ぷらなんかは特にね、家で私が揚げるよりも絶対的美味しさを誇ってます。

工程の多いコロッケなんかも家で作るのはやめました。

いまの世の中、過不足なしの量を安価で買うことができます。

近所のお肉屋さん、肉（29）の日はコロッケ1個30円なんですけど……。手間暇時間が手に入った上に、私が作るより何倍も美味しい。価格も材料費の原価を下回ってます。

こちらに関しても、IHの油ハネを考えることもなく、翌朝の油の処理なんかも考えなくていいんですよね。ね、馬鹿馬鹿しくなる気持ちわかるでしょ。

なんでも手作りは幸せの象徴みたいに言われるけれど、そんな家庭のイメージはある意味幻想。「ひとり力」を高めるには、合理性も大事。合理性がもたらす快適さも実は本当に大きいのです。

家で作れないものと、片付けが大変なものは外でありがたく食べたり、買ってきたりすることにより、浮いた手間暇と時間で少しでも多く睡眠をとったり、しゃかりきに働いたりすることにしています。

外食は翌朝の清々しい時間までを価値として考えるようにしています。

好き嫌いは当たり前

食べ物の好き嫌いがほとんどない私は、どこに行っても何を食べても美味しくいただけるので、ラッキーだと思ってます。逆に、あれが嫌いこれが嫌いと偏食の友人は、ごはんを食べに行ったら必死で食べられるものを探すのです。

店員さんを捕まえて、この料理ってキノコ入ってますか？　チーズ使ってますか？　あーダメだ。あーやめときます。抜くことってできますか？　あ、違います、アレルギーではないんですけどぉ……。

私から見たらとてもとても大変そうに見える。

子どもたちに好き嫌いはしないでねと言っていたのは、正直に言うと、この友人のようになってほしくなかったからです。

でも最近、こう考えた。無理矢理、好き嫌いを克服させようとするのはやめようと。当たり前だけど、多くの人が見失ってる事実、食べないと死ぬ！　なんて食材はこの世にないのです。

その食べ物を避けたことで健康のバランスに偏りが生じるのならば必死になるけど、食べなくても健康ならば、家族にも無理に食べさせたり、好きになるように努めたりなんてことはしない。その食べ物を含む栄養素がどうしても大事ならば、ほかの食材で補えばいいのではと思うようになったのです。

というのも、数年前、ある野菜を作っている農家さんと話す機会があって「うちの子ってば、涙目になるくらいこの野菜苦手なんですよ、がんばって食べないと農家さんが悲しむよ！　ってどうにか食べさせてるんです。どうやったら自分から食べますかねぇ」なんて会話をしたのですが。

「嫌いな人には無理して食べてほしくないですね。好きな人に美味しいって食べてもらえるほうがうれしいですね（無表情）」

「……ですよねぇぇぇぇ‼」

　って20回くらい言いましたよね。そらそうだ。

　農家さんを悲しませたのは母ではないか。

　誰しも好き嫌い得手不得手があります。

　嫌いなものを食べて健康であるよりも、好きなものだけで健康の方が心身ともに健康だと思っています。

　好き嫌いなんてあって当たり前。1回きりの人生、そのときに美味しいと思えるもので体も心も作ればいい。「ひとり力」とは、決して、ストイックであれ、ということではないのです。わがままも「ひとり力」のひとつです。

あえて、陶器の食器

子どもが赤ちゃんのときは多くの方が割れないプラスチックやメラミン素材の食器を使っていたと思うのですが、私は子どもが離乳食のひとり食べをはじめたときから陶器の食器を使わせていました。

プラスチックの食器はその軽さから、マンガ『巨人の星』のスパルタ父さん・星一徹《ほしいってつ》の「ちゃぶ台返し」ばりに子どもに投げられる。そればかりか、バンバン叩いたりスプーンでカンカンと音を立てられたりしていました。陶器ならどっしりしているからか、私たちが丁寧に扱うところを見ていたからか、投げることはなかった。

陶器のほうがおとなしく食べてくれて正解だった。
隣のプラスチックのストローマグは豪快に放り投げていたけど……。
環境から変えてしまうと、自然と習慣も変わっていくものですね。

冷蔵庫の余白

冷蔵庫は余白が大事だと思っている。
冷蔵庫を使いやすくするにはポイントがある。
① 中に食べられるものしか入れない。
② 入れる食材を食べきり量にする。
このふたつだけ。
昨今、中身の見た目が映える冷蔵庫収納が流行っていますが、「ひとり力」を高めたいなら、収納用品は使わないほうがいい、と言っています。そもそも収納するということは、そこにその食材の置き場所を確保するということ。

食べ物は食べて消費して回転させていくものです。収納ケースに入れて食材をそこに留めて回転を止めるようなシステムを作ったら、食品の消費は遅くなります。気づいたら消費期限オーバーで、食品ロスにガンガンつながる上、収納用品の管理も無駄な手間暇がかかると思っています。

私のように、目に見えていないと忘れてしまう体質で、面倒くさがりの衛生管理が甘い人は、なおさらやめたほうがいいです。うちの冷蔵庫は余白だらけのスッカスカ。使いかけのハムもラップに包んで見えるようにバーンと置く。期限が近くなった納豆もババーンと置く。

収納しないで目立つようにそこに置くだけで、食材は回ります。収納場所が確保されていないんだから、その食材は長居することは許されず消費されるしかないのです。

いつでも把握できているからこそ、食品ロスはほとんどなし。数少ない自慢です。

3食のうち朝に重きを

一般的には、3食のうち晩ごはんがいちばんボリュームがあって豪華なのではなかろうか。

朝ごはんは時間がないから、簡単にパンやシリアルをさっと食べて、お腹をすかせたランチタイムは、朝よりしっかり目に食べて、疲れて帰ってきた晩ごはんがいちばん量的にもエネルギー的にも豊富。数年前のわが家もそうでした。

しかしいまは、朝ごはんのときにだけ家族が4人揃うため、朝にいちばん力を注ぐことにしています。しかも話しながら食べるから朝ごはんには30~40分くらいかける。「今日学校でこんなことがあった」という会話はなく、「昨日学校でこんなことがあった」という会話をします。

逆に、調理にも食べるのにも時間をかけていた晩ごはんは、いまや粗食、短時間完食。

というのも、晩ごはんはしっかり食べても、2時間後には寝てしまう

のだから、そんなにボリュームはいらないのです。

ワンプレートでメインとサラダとごはん程度でしょうか。夜食感半端ない。

晩ごはんを軽くすると朝は空腹で起きて、朝食をしっかり食べるという素敵なサイクルができます。晩ごはんをたくさん作る日もありますが、翌朝のことを考えて自然と量を控えています。

晩ごはんの準備を簡素化した分、翌朝のごはんの準備に力を注ぎます。ごはん、お味噌汁、卵焼き、おひたし、納豆、お漬物程度。

朝ごはんはちょっと力を入れるだけで豪華！　とか、すごい！　とか家族が言ってくれます。前日に作っておいたおかずをタッパーからお皿に移しただけなんだけど、一応、大変だったのよ~的な顔は、しっかりします。

ハードルがすこぶる低いのもうれしいですね。正直いいことしかありません。

されどスーパー

「もしお金を出すのであれば得したい。よい商品を安く手に入れたい」

多くの方がそう思いますよね。

でも、私は商品の安さよりも何よりも、店員さんの感じのよさやスタッフのサービス精神で、行くお店を決めています。

平たく申せば、安くても店員の愛想が悪いお店は行きたくない。

なぜなら、今後の自分の人生に返ってくるからです。店員のいい店を選ぶことは、自分の人生を豊かにします。それこそ、「ひとり力」の土台となります。

近所には何店か激安のスーパーがあるのだけど、ほとんど行かないようになりました。

いま現在は、決して商品がお安いということはないスーパーを利用しています。

というのも、商品が高くても納得しているのは、サービスも買っているから。

サービス料込みだと思ったら多少お高くても納得ができるから。

私が好んで利用するお店の店員さんはどの方も、商品知識が豊富で説明も丁寧で迅速、話しかければとてもフレンドリーで、こちらの要望を熱心に聞いてくれます。

その姿勢を見たら、こちらもうれしくなって、ついつい笑顔になって丁寧な言動を心がけるようになるのですよね。

いいサービスを受けようと思ったときに絶対的に必要なのは、お互いが真心を持つことだと思っています。

一方的にサービスしても相手が受け取らなければ成り立たない。サービスを提供する側だけでなくサービスを受ける側である私も少し努力が必要だと感じ、このお店に行くと、私も善良な感じのよいお客さんでいよう、と、決意のような意識が働きます。

文章から、サービスを全面に受けたいというがめつさが見え隠れしていますが。

そんなお店だからか、レジ前で並んでいたら、お客さんは譲り合いなんですよね。

あなた買うのそれだけ?

私はカゴいっぱいだから、よかったら先に行ってください。

コレ、何度か言われました。このお店ではそういう気づかいにチラホラ遭遇するのです。

いい店員さんがいるお店はお客さんもいい人が多い。私と同じように「善良なお客さんでありたい」という感覚を受けているのだと思われます。

レジ前でのそのやりとりがうれしかったので、私もレジ前で同じ状況になった時は言うようにしています。


ほかにも、野菜コーナーの商品棚で、どれを買うか迷っていた時には、「この野菜のよし悪しは、ここを見るらしいですよ。ここにあるのは全部よさそうですね」って話しかけられたこともあります。

私はそれもすごくうれしかったんですよね。視野が広くまわりのことを見て考えてらっしゃる人が多いなと。セールのものを一気に買い込んだり、買い占め行為をされる方は一度も見たことないです。

激安のスーパーにはない空気感です。そういうお店は駐車場のルールやマナーももれなくきっちり守っています。ゴミも少ない。

近所の数々の激安と言われるお店ではもれなくカートがゴロゴロと放置されています。カート置き場に戻さない人が多いのも行きたくならない理由のひとつ。環境は人を変えます。

みんなやっているから置いといてええんちゃう？　置いとけば？　係の人いるやろ。この会話、何度も耳にしました。

激安店の駐車場には放置されたカートやカゴを集める係の方が常駐してらっしゃいますが、イライラされていることも多いです。そらそうですよね、いくら報酬をもらっているとはいえ、マナーのない人たちの片付けをしているんですから。私にはできない仕事だわ。

それらのお店にいるときは終始ピリついてどっと疲れます。まず、ものすごい人数が来店するので店員さんは常に誰かに捕まっています。クレームが多いのか対応にはまず笑顔はなく事務的で、商品の場所を聞くと仕事の持ち場を離れるのが嫌なのか、面倒くさそうにされることばかりでした。

狭い商品棚の通路では譲り合いはないです。レジはスピード主義で、お金を出している間に次の人のレジ打ちをさっさとはじめてしまわれるので、早くお金を出さないと‼　と焦ってお金をぶちまけたこともありました。

私の後ろに並んでいる人もレジの人も目はとっても冷ややか。

その環境にいると、自分にもモヤモヤが伝染するのです。

ちなみに、私が好んで行くスーパーにはそもそも駐車場にカートを集める要員がいない。放置カートがないから。

そういう部分でも、みんなで気持ちよくお店を利用しましょう、というメッセージ性を感じます。

店員さんの感じのよさはお客さんである消費者に伝染し、自然とお互いによいお店作りをしているのです。

その目に見えないシステムはあっぱれだと思っています。

その空気感に触れていたら、自分が気持ちよくどんどんいい人になっていく気がするんです。

自分が置かれる環境で人はいくらでも変わります。

たかがスーパーされどスーパー。選ぶお店で今後の自分も変わります。

「住」

大掃除なんか必要ない

家計簿はいらない

家計が何カ月もマイナスだったときにかなり焦って家計簿をつけはじめたことがあります。

毎日買い物したらレシートの金額をコツコツと記入したり、画像に残したりして、お金とにらめっこ、顔は「般若超え」しました。

が、数字が合わないのです。

私は昔から数字には弱く苦手意識がものすごくあります。1カ月目は家計簿の残金の数字よりも実際の残金が少なく……翌月は手元の残金のほうが多く……と、最後まで正しく数字とお金が合うことはありませんでした。破格の才能の無さを痛感した3カ月でした。

でも、3カ月家計簿をつけて赤字の原因を発見。子どもたちの食べる量が増えていたのと、進学での小さな出費も多かったようなのです。100円ショップや無印良品のような店に行くのを減らして、ついでに固定費を見直していらない保険も解約しました。そこからは赤字ということもなくなりました。

バランスが整っていたら家計簿はつけなくても大丈夫。

家計簿は家計が乱れたときや、大きなライフステージの変化が起こったときに状況を把握するためにつけるだけで大丈夫。

通帳の数字が増えていくのが、楽しみを超越して生きがいになっていくと、無理をしてまで過度な節約をするようになってしまうので、「でにきるだけたくさんの貯蓄をするぞー、おー！」などとは考えないようにしています。

まずは暮らしていける程度の貯蓄があればいいかなとゆるっと考えることに。

貯金の方法も「収入から貯蓄希望金額を差し引いて残ったお金で生活する」、こんなふうにシンプルに考えることにしたら、家計簿が必要なくなり、ものすごく楽チンになりました。そして生活費が余ったら、使っちゃいます。少し余ったお金も貯金だ！　なんて姿勢だと、やはり貯金に意識が強くなりすぎて暮らしが窮屈になりがち。

「ひとり力」というと、とにかく計画性を問われている気がしてしまいますが、発想を転換すれば、やりようはいくらでもあるのです。

アイスを買ったり肉まんを買ったり、そのぐらいの心のゆとりが自分らしくて大好きです。

いまは牛歩レベルですが、少しずつ少しずつ貯まってきています。

少ないもので暮らす

ものの多さと掃除の面倒くささは比例する。ものの数だけそれをどかして掃いたり拭いたりしないといけないですからね。

掃除がめちゃくちゃ面倒くさい。

で、面倒くさいからだんだんとしなくなる。

で、掃除しないからホコリがたまる。

で、ホコリのたまった空間で暮らしているとフツーに体調とか悪くなる。

で、体調悪いと仕事でパフォーマンスが発揮できなくなる。

で、仕事がうまくいきづらくなったらプライベートすらも存分に楽しめなくなる。

で、めっちゃ窮屈になっていく。

こんな暮らし望んでいますか？

人生がどんどん上手く回らなくなっていきます。


でも……反対に、ものを減らしていくと、掃除が容易になる。ものをどかさなくてもいいし、掃除機もモップもスイスイかけられるようになる。

で、容易だからまめに掃除するようになる。

で、まめに隅々まで掃除するようになったら、自然と空間の管理が行き届くようになってくる。

で、何があるか把握できるようになり、不要な買い物が減る。

で、不要な買い物が減ればお金も残るようになってくる。

で、清潔な空間に慣れはじめると、不衛生には戻れなくなり、家事で運動量が自然とある健康的な毎日を手に入れられる。

で、健康でお金も残っているので、心にも余裕ができてくる。

で、心に余裕があれば人にやさしくなれる。

「阪口よ、理想を書き過ぎだ」と思うなかれ。大真面目です。

ものが少ないだけで、負が連鎖することはありません。

以上、ものが多すぎて卑屈だったけど、ものを減らして人生がべらぼうに好転した私の話でした。

少ないもので暮らすのは控えめに言って最高。

捨てることを思って買う

多くの人はものを買うとき、使うシーンを想像して買うと思う。
でも、逆に使うシーンのことまでしか考えない人が多いと思うんです。
私は捨てるときのことまで考えるようにしています。

どんな不具合が起こったら捨てなのか。
捨てるとしたら自治体のどんなルールで捨てるのか。

それを先回りして考えた時に、面倒くさいと思う気持ちが生まれたら、いままさに買おうか悩んでいるそれは、さほど必要ではないと考えるようにしています。

逆に、捨てるシーンまで考えて、それでも必要だなと感じられたら買うことにしています。

とにかく時間をかけて最後のシーンまで考えて買うということが重要。衝動買いはしない。

時間をかけることで買い物が容易でなくなり無駄買いも減る。

この考え方になってから、容易に買うことがなくなり、ものに溢れることもなく、お金も徐々に残るようになりました。

パッケージのマジック

缶や瓶など、かわいいパッケージのものには特別に警戒しています。むしろパッケージが華やかすぎるものは中身に自信ないのか、と疑ってしまうし。

パッケージに大きなコストをかけているところに、はは〜んパッケージ買い狙ってるな、と思ってしまうし。

この瓶が空いたら……この缶が空いたら……なんて、パッケージの余生を考えて、それを買う理由に含めはじめたら衝動買いや無駄買いを助長することになります。

しかも缶や瓶の余生は、だいたいが「収納アイテムとして」。だから、さらにものが増える危機感を覚えるからパッケージに力を入れているものは結局買わないに至るのです。

中身待ち容器の無駄

入れるものがあるから容器を買う、はわかるけど、何か入れるものができるかも……と中身待ちで空の容器を持たない。

容器や容れ物がないからと、ものを増やすことを断念することは多いけど、容器もあるし収納するシステムもあるからとなると、ものを受け入れる状況ができているのと一緒です。

収納用品を持つと、ものを増やすハードルが低くなってしまうので収納用品だけを持つことはしません。

土産物ループを断つ

どこに旅行に行ってもお土産を買っていました。

あの人にもこの人にも職場にも……。

でもやめた。

私が渡すと、相手もくれます。

そしたら私がまた渡します。

そのだらだらとした事務的やりとりの繰り返しで、何度もそれが続くと、もらったから買わなきゃ感が強くなります。お土産は軽い気持ちで手を出してはいけない。

相手にもふわっとそんな思いをさせているんじゃないかな、それならば、お土産に使うお金を、自分の旅行に使ってほしい。そう思いました。特にこちらが欲しくないのだから、こちらからやめてループを断ち切ればいい。

最近は、お返しなどは関係なく、お土産コーナーで思い出した人に買うだけに決めてみた。だけど、ほとんど誰も思い出さず、いまとなっては、お土産は買わない主義に果てしなく近いです。

みんながそういうことを意識して、自分なりの「ひとり力」を共有していくコミュニティって素敵じゃないですか。

何の問題もありません。

むしろ、お返しに身構えることもなく、お互い気をつかうこともなく、財布にも優しく、旅の荷物も軽く、いいことばっかりです。

愛着品はひとつで輝く

飾り物はバランスを取るために増える。インテリアのバランスをよくするためにさまざまなものが連鎖するようになっています。

ある日、窓辺の棚にそのとき流行り倒していた北欧系の猫の置物を置きました。

それは巷《ちまた》でとても流行っていて、持っているとおしゃれだね！　と言われるような高価な置物でした。

でも、棚にその置物があると、棚の余白が寂しく感じられてバランスが悪く映りました。

そのバランスの悪さを補正するために、置物がひとつ増えふたつ増え窓辺が埋まっていきました。

窓辺が埋まれば、今度は壁が殺風景に感じ、またバランスが悪く感じはじめました。

そしてまたバランスを取るために、壁にファブリックボードを飾ってみると、またすっきりしたように思えましたが、今度は逆サイドの壁が寂しく感じ、グリーンを……。

次は、天井が寂しくなってモビールを……。


どんどんごちゃごちゃ感が否めなくなり、掃除もどんどんやりにくくなって、ある日私は爆発しました。

いちばん最初に置いた陶器の猫の置物が、ホコリでペルシャ猫になっている。

猫の置物は驚くほど簡単に捨てる決断ができました。無の境地でした。

その時に思いました。ものを通しておしゃれだと思われたくて買ったんだなと。そこに好きだとかいう感情はなく、思い入れはゼロでした。思い入れの少ないものはバランスを取るために増加が連鎖するようになっている。

そして猫の置物を捨てたら、それまでのバランスが崩れ、窓辺の置物たちが中途半端になった。それらを取り除いたら、ファブリックボードが浮いて見えて、モビールも不要に感じて、すべてがなくなりました。

驚くことに思い入れの少ないものは減少も連鎖しました。

それからは、特別に思い入れがある、好きの感情がダダ漏れするような置物だけをほんの少し置くようになりました。

バランスが悪いだなんて一度も思ったことはない。

本当に思い入れのあるものはひとつでも輝くようにできている。

むしろそれが目立つように、他のものを置こうだとか、バランスがどうとかなんて思わないようになったのです。

使用頻度の少ないものは不要

収納上手になると、ものを納めるのがうまくなる。たくさん持っていても、どこかしらに、きちっと片付けることができるようになります。でも大事なのは、ものをしまうことじゃなくて、ものをいかに使うかのほう。

しまいこんでしまうと使う頻度は減ります。使う頻度が少ないものは、実は不要なのではないだろうか。

お正月だけ使って、あとはしまいこんでいたお重箱は、宴会のときや普段の季節のイベントでも登場させるため、すぐ手に取れる棚に置くことに。

レジャーでしか使わなかった大きな水筒は手放して、スーパーやコンビニでパックのお茶を買うことにしたけど、何の問題もありません。

ものはたくさん使おうと思ったら、しまいこまないほうがいいんです。

そして使う頻度が極端に少ないものは実はなくても大丈夫なのです。

人生の基盤

休む、備える、補う、和む、集う、楽しむ、癒やす、がすべてできる場所は家。
空間作りと向き合えば、家は自分にとってパラダイスになるものです。
暮らしの基本は家。
人生のベースは家。
ひとりでも家。
カップルでも家。
家族でも家。

ここから出かけてここに戻ってくる、それが家。
休みの日は家でゴロゴロしたいっていうのは、家がそれだけ好きってこと。
自分の人生の基盤を大事にできている証拠。上等だと思う。

大掃除廃業

1年に一度の集大成のような、壮大な掃除はしません。ここ、「ひとり力」のアップに重要。

多くの方が師走の忙しい時にやると思うけど、作業でわざわざ手先を赤く痛めてまでやりたくないです。

新しい気持ちで新年を迎えたい、その気持ちもわかるけど、寒い中で大がかりな掃除なんてしたくない。

昔からの文化であり、いい風習、それもわかるんだけどやらなくていいならやっぱりやりたくない。

冬は大きなイベントがいっぱい、クリスマスに忘年会に大晦日にお正月に新年会にバレンタイン。できればそんな楽しいイベントのあれこれのいいとこ取りだけで過ごしたい。

ということで、日々掃除をコツコツやっています。冬の寒い時期にわざわざやらなくていいように、掃除機をかけたりモップをかけたりというような日々の小さな掃除の積み重ねのほかに、窓のサッシや換気扇のような中掃除をコツコツと。

大掃除をやらなくてもいいような環境を作って年末は楽しいイベントのことだけを考えることにしています。きっとこの先、年齢を重ねても続けられると思えないから、年末の面倒くさいことはいまからやめることにしました。

畳み過ぎてない？

袖を内側に折り返し、横幅は収納スペースのサイズに合わせて裾のほうから3つに折って、手アイロンも忘れずに……。

乾いた洗濯ものはショップのように畳まなければならないと漠然と思っていました。

なぜ？

そりゃ見た目がよいからよ。

……誰からの？

もう一度言います。

誰からのですか。

きっちり畳むと気持ちいいのはわかる。でもショップのようにきちきちと畳むと、べらぼうに時間がかかる。

たたみ作業が億劫すぎてハンガーにかけっぱなしでクローゼットに収納していたときもあった。結構長かったかな、4、5年くらいはハンガー掛けっぱなし生活だったと思う。

でも、やめました。

簡単にたためば済むことだってわかったらハンガーをたくさん保有しなくていいとわかったから。

要は、ショップのようにキチキチたたまなくていいってこと。

シャツもパンツもスカートも、まずは豪快に半分に畳んで大体の大きさを大体で決めて裾からボンボンと適当に畳めば良いのだ。つまり、ほどほどの畳っぷり、限りなくテキトーに近くてよい。
自分以外の誰かが満足できるレベルでなくて、自分が納得できるレベルでいい。
いまとなってはなぜあんなにきちきち畳むにこだわっていたのかわからない。
満足できるレベルよりも、納得できるレベルを目指せば継続はできます。

水まわりの不要品

食器を洗うときに必要だと思っていたシンクの洗い桶、大きくて場所もとるし食器を洗ったのと同じスポンジで洗うのが億劫だし、別のスポンジを置くのも嫌でやめてみた。

そうしたら、シンクにスペースが空いて洗わなくてよくなって楽になった！　つけ置きしたい時も洗い物の中のいちばん大きな食器にマトリョーシカ戦法で中に食器を大きい順に入れていけば問題ないです。

食器を乾かすための一時おきの水切りかごも便利だとは思うけど、こちらも場所をとるし、定期的に洗うことができず清潔を保てないのでやめました。

そうしたら、作業スペースが広くなって調理がぐっとやりやすくなった！ ぐっとどころじゃない、ぐぐぐっと使いやすくなった。水切りかごをやめてからは、シンク横にふきんを敷いてその上にフライパンや大きなお鍋等をドカドカと置いて乾かしているけど何の問題もない。フライパンや鍋が乾いたら棚の中に戻して、下に敷いてたふきんは軽く洗って水道の蛇口にでも干しておいたらすぐに乾いて、またふきんとして使える。跡を濁さない上、とても合理的です。

三角コーナーも、必要なものだと思っていたけど、調理の際にビニール袋を広げておいてその都度ゴミを捨てながら作業するだけで不要になりました。ぶっちゃけ、触るのも嫌。と拒否ってしまうほど管理がいいかげんでした。

なかったら不便じゃない？　とたくさんの方に聞かれたけど、私は、あったほうが不便じゃない？　と内心思っていた。

多くの人が絶対必要と思っているものでも一度立ち止まって、なくても大丈夫か、やっていけるかなど考えてみる価値はある。ものは持てば持つほど手間やコストがかかるから。

寝室はベッドだけ

突然ですが、わが家の寝室にはベッドしかない。本当にベッド以外なにもない。空間にベッドがあるだけの部屋だ。

なぜか？ と問われたら、寝室は寝る場所だから！ というシンプルすぎる答えになります。

昔は、DVDとテレビを置いていました。で、寝室で寝る前にダラダラできるようにしていたのですが、ダラダラに火がつけば睡眠というメインのミッションがいつまでたってもはじまらない。

録画を観るのもDVD鑑賞も、しっかり覚醒しているうちにしたほうが内容も頭に入ってくるのは明確、じゃあそれってリビングでできるよな〜と思ってテレビとDVDを置くのをやめてみました。

そうしたら、寝室はベッドだけ。そこは寝る道具以外がない空間に。


それからは寝ること以外やることがないから布団に入って目をつぶってグッと集中して眠りに入れば早く寝入ることができるといううそみたいなスキルを得ました。

よく眠れたら翌日の活動のパフォーマンスも体の動きも頭の働きも段違いに違う。

それが判明してからはうれしくて楽しみで、夜も早く寝たくなって21時台に寝る生活になって、朝も5時台という早い時間に起きられるようになりました。

寝室をベッドだけにしただけなのに。

寝室では落ち着く色あいの大小のクッションを置いたり、手元を明るくする柔らかい明かりを放つスタンドライトを置いたり、安眠できるような空間にするためのグッズをテレビでも雑誌でも見たことがあるけど、わが家の寝室は「ベッドだけ」が正解です。ベッドだけの空間だから安眠ができるのです。平たくいえば「寝る」以外に逃げることが許されない状況を作る。

テレビをだらだら観て0時過ぎまで起きていた過去の自分が信じられない。なんて不良だったんだ、あ、体にね。いまはそんな時間まで起きているのは到底無理、きっと23時あたりから白目をむきます。

私の睡眠時間は8時間、人生の3分の1を過ごす部屋だからこそ目的からブレず、物が少なく掃除がしやすく、とびっきり好きな空間であってほしいです。

#「きっかけ」を知る

元々ダラダラ民の私ですが、すぐに動ける方法を知っています。

365日のうち300日程がそうなのですが、だるくて動けない日でも掃除が最後までできる方法。

ソファに座って真正面に見えるのはダラダラのお供こと愛しのテレビ、そして同時に視界に入りこむのは、そのテレビのお隣の因縁のお掃除モップ。

わが家では、掃除で最初に使うのはこのモップなのです。

嫌でも目に入るこの憎きモップを渾身のパワーで掴むのです。ただそれだけ。掴まないのは「逃げ」です、「敗北」です。
持ってしまったが最後、私の「勝ち」です。
せっかく持ってしまったんだからとテレビのまわりをシャシャシャシャー
と掃除してしまいます。そうしたらもう連鎖が止まらない。
せっかくテレビまわりを掃除したんだからとモップを持って部屋中を
パトロールのように歩きはじめる。
棚のところまで来たら、これまたせっかくここまで来たんだからと棚
の中から掃除機を出すことに。出したら出したでせっかく掃除機を出し
たんだからと、掃除機をリビングだけでもかけることに。もうここまで
きたら阪口を止めることはできない。せっかく掃除機をリビングまでか
けたんだからダイニングまで……せっかくだからキッチンまで……廊下
まで……洗面所まで……。
気づいたら全体の掃除を終えています。
われながら「あっぱれ！」である。

どんな作業でも初動というものがあり、トリガーのような行動を引き起こす動きがあります。

歯磨きをはじめたら、最後まで磨いてしまわないと気持ちが悪いのと同じようなイメージで、裸になってお風呂場に行ったら、シャワーを浴びて洗うとこ洗ってしまわないと気持ちが悪いのと同じようなイメージで。

私は自分が行動を引き起こす初動を知っている。

食事の支度では、食洗機を開けることが初動。開けてしまったら洗い終えた食器を戻して、食洗機が空いているんだから、食事の用意をしていまのうちに調理を終えて使ったボウルやまな板を洗ってしまおうという意識になり、調理がはじまる。夜ごはんの準備が終われば、せっかくここまでしたんだからと翌朝のごはんの仕込みまで終わらせてしまう。

洗濯ものを干すのは、朝に顔を洗いに洗面所に行くことが初動。タオルの洗濯物ができたから洗濯でもするかというテンションになる。

私は自分の取り扱い方をよく知っている。私の初動の原動力はどう考えても「ケチンボ精神」だ。

ここまで来た体力が無駄になるとか、ここまで動いたパワーがもったいないとか。

人によって考え方は違うし初動も違いますが、自分の取り扱い方を知ると物事を先送りにしない方法が見つかります。

マットはいらない

玄関マット、キッチンマット、トイレマット、お風呂マット、清々しさを感じるほどマットは何も持っていません。

ちなみに申せば雑巾も持っていません。

これらは継続して使うことに管理が伴います。

NOオブラートで申せば洗濯がいや！　ってやつですね。

手洗いの手間暇時間は私にとっては問題外の作業で、洗濯機にすら入れたくないってやつです。あと掃除のときに邪魔なのもいや。

だから試験的に持たないチャレンジをしてみたのです。

最初はキッチンマットでした。

これがなくしてみたら超絶楽チン！　料理ごとにマットを変えることもなく床をサッサと掃除することができる！

快適すぎて逆になぜみんなが持っているのかが疑問になってネットで調べたほど。

そしたらね、キッチンマットがあれば油汚れを吸収してくれるから料理ごとに掃除をしなくていい。


えっ！　私のメリットは誰かのデメリット!?


いつでも基準は自分の暮らしでいいのです。

マットを今後持つことはなさそうです。

タオルは一種類で

洗面所には、バスタオルと、フェイスタオルが棚に並べて置かれ、それとは別に手拭きタオルを区別して持っていました。

お風呂上がりに体を拭くのに使うのはバスタオル、朝に洗顔したり髪を乾かしたりするときに使うのはフェイスタオル、手を拭くのはまた色違いのフェイスタオル。

そこで本当に、そんなにいろんな種類が必要なのかと疑問に思い、全部統一して同じサイズのタオルに揃えてみました。

バスタオルとフェイスタオルの中間のサイズで、ビッグフェイスタオルと銘打ったタオルで、保有する20枚を全部同じ色で購入しました。つまりは全部一緒のタオル！

そうしたら、管理がべらぼうに楽なのです。

バスタオルだからこの畳み方、フェイスタオルだからこのタオルハンガーを使う。だなんて、タオルによって洗濯の仕方をけなげに変えていたのですが、それが全部一緒になりました。

お風呂上がりだから、洗顔後だからと考えて使い分けることも何もない。嗚呼……楽を知ってしまった……（遠い目）。

お風呂上がりは体全体を包めるサイズでないといけない、洗顔後のタオルはバスタオルほど大きくては使いにくい、手拭きは気持ち的に別に用意する。

それがいままで当たり前だと思っていたけど、タオルを統一してから、使い分けやそれぞれに合った管理をしていたのがストレスだったと気づきました。

種類を減らすってこんなに楽なんだなと。

ビッグフェイスタオルの存在を教えてくれたのは、私のブログの読者さんです。やるーぅ!!

目まぐるしい速さで進化をする世の中、既成概念にとらわれている人は、暮らしが楽にはなりません。

「美」

なにもしないがいちばんキレイ

頼れる美容室とは

美容室はココ！　とかたくなに決めています。

私より少しだけ歳上の男性の美容師さんがひとりでやっている美容室だ。

それまではお安め価格設定の大型店を転々としていた。

でも大型店は、ある日いきなり担当美容師が異動になったとかどうとかって、告げてくる。そしてまた一から信頼関係を築かなければいけないっていう。

もう文字にしているだけで面倒くさい。

自分の髪という印象を一発で決める大事な大事なパーツを任せるのに、こんな破格の煩わしさを何度も感じたくないなと、そのときの職場からほど近い場所にできた美容室に通うことにしました。

あのタイミングでこの判断をしたあの頃の私を褒《ほ》めたたえたい。

あれから8年、美容師さんはすっかり私の髪の癖や好みを知ってくれて、要望もいっぱい聞いてくれるし的確なアドバイスもしてくれる。そもそも美容に疎い私です。その苦手科目を丸投げに近い感じでお任せできる人がいるってものすごい心強くなれます。苦手科目は無理に向き合わなくていいと思っています。いまとなっては、信頼しすぎて、この美容室がどうか潰れませんようにとせっせとまわりにPRもしています。

長く付き合える、自分の苦手なことを支えてくれるサポーターを大切にしましょう。得意科目にだけめいっぱい力を注ぐ人生は素晴らしいです。「ひとり」を大切にしてくれる場所選びをすれば、もっともっと「ひとりの自分」を大切に思えます。

なにもしない化粧法

35歳を超えたあたりからどんどん化粧品の質があがり、数も増えていく予感がしていました。

カバーするものがどうしても増えるから。

シミにたるみに、ハリに色味に、シワにくすみに……トラブルを書き出すにはページが足りない。

いまからこんなに塗っていたら、この先どうなるのか？　毎月の食費7万円のほか、私の化粧品に月2万円も払ってるんですけど……富豪か。

お財布が風邪をひき、やがてこじらせて肺炎を起こして破産する上に、化粧品に頼りすぎて肌の地力がなくなってしまうのではないのか？ ふとそう考えたら震えた。そんなの完全なる負《ま》け戦《いくさ》ではないか。

だから賭けてみた。私の挑戦はこうだ。「私のまわりの素敵な人を真似してみる」。シンプルに申せば美人の方法をパクるのである。

よく観察してみれば私がきれいだなと思う人に、老化を拒否して、化粧品を塗りたくっている人なんてひとりもいなかった。

むしろシミや小ジワも受け入れて、大きな口をあけて笑ったりよく喋ったり、私もそっち側の心もきれいな人になりたいと強く思いました。

まずは地力をつけようと、化粧水に頼るのはやめた！ スキンケアをワセリンのみにしました。

毎月2万円ほどかかっていたデパートで買う化粧水、乳液、美容クリームは、近所のドラッグストアでいつでも買える半年で400円のワセリンになりました。

最初はパニックの連続でした。

20年もの間、化粧水にべったりと甘えていたわが肌は、急に自立を促され謀反を起こした。肌の本来の地力を取り戻すまでは2カ月間、肌が火傷《やけど》状態になりました。肌に何かを塗るのが痛くて、外に出るときは日焼け止めの下地だけを薄《う》っすら塗る。肌が痛くて手で触れられない日が続きました。

でも、それがよかったらしい。

どんどん手間を減らせば減らすほど、肌は立派に自立心を持ち、状態はどんどんよくなっていきました。

洗顔後に急いでつけていた化粧水は、やがてなくても平気になり、翌朝も肌はさらっとするように。

「本来、いい状態の肌というのは、しっとりやもっちりではない、サラサラしているものだよ」と皮膚科の先生に言われたことを思い出し妙に納得しました。

確かに。

赤ちゃんとか小さな子どものようなスーパーヤングの美しい肌は何も特別なことを施さなくともみなサラサラしている。

そしていまは、朝はお湯だけで洗顔をし、ワセリンを米粒大に塗ったり塗らなかったりの生活。

メイクは日焼け止めと仕上げのお粉を薄っすら、あとは足りない眉毛を描き足して長さの足りないまつ毛を伸ばして、色味の足りない口元にリップを塗って……足りないものを足すだけの作業です。

夜は石鹸でメイクを落として、またワセリンを米粒大塗ったり塗らなかったりです。

この方法なら、この先もずっと継続できそうだと確信しております。

なぜなら「極力何もしない」という方法なのだから。

無理なダイエットをやめる

無理な減量をするから、結果的に太るのでは？　と考えてみました。そもそも無理をするから無理をやめたときにリバウンドがくる。ということは、日々の生活を改善しないと、減るとリバウンドの繰り返しを一生続けることになります。というか、よく考えたら私の人生、太↓細↓太↓細↓太↓細の行ったり来たり状態だったな、と思います。ダイエットをしてる↓してない↓してる↓してない、とも言いかえることができます。それを考えると、我慢を感じない速度で徐々に痩せる生活に変えていくのがいちばんだなと、何度も減量の失敗を経験したいま、感じています。

家事を簡素化して時間を捻出し、月に何千円も払ってジムに通う。という生活をしたことがあるけど、私には継続が難しかったです。2年ももちませんでした。

いまは、日々の家事と外の仕事で体を動かして、お金も時間も使わず、食事を意識した生活をするのが、気持ち的にも財布的にもヘルシーで、自分が継続していけそうだと感じています。

適正な体重とは？

太っているとか痩せているとか、身長に対して適正な体重が基準として設けられているけど、そんなもんはどうでもいい‼　とちゃぶ台をひっくり返す勢いで思う私です。

そもそも人によって適正な体重は違うんだから、他人のスペックを目指すなんてこと自体がおかしいのです。

それに、見た目は細いのに筋肉で体重が重い人も知っているし、見た目そんなに太っているように見えないのに体重は意外にあるのねって人も知っている。

私は標準体重よりちょっと重いくらいのほうが、体が元気だったりする。

痩せていたとき、めっちゃ風邪ひいていたしね、あんまり丈夫じゃなかったよね。

「ややぽっちゃり体型のまま宣言」ととってくれてもいいです、本当なんだから仕方ないのです。

細いのも何度か経験したし、ぽっちゃりも経験しての持論です。ええ、まさに現在もややぽっちゃり体型継続中ですが。信じられないくらい前向きです。

自分の適正体型は自分がいちばんよく知っているから、コントロールされる側でなくコントロールする側でなくては、とド偉そうに考えてる私です。これって一般的に、細い人が言うセリフですよね(笑)。私、まぁまぁ堂々と言いますけど。

それと、体重をまめに量るより効果があるんじゃないかと思うのは、自分の体にフィットする洋服を持っていること。

これが、「痩せた・太った」のバロメーターになる。多くのダイエッターが手に入れたいのは、自分の満足感だったり見た目の格好よさではなかろうか。

そう気づいてからは、体重計で一喜一憂するのはやめて、サイズのきついパンツを持っています。

ま、ちなみにいまんとこ、一向に緩くははけそうにありませんが。

「心」

ストレスを感じる前に予防する

ストレス解消って……

昔はストレス解消と称して、外にランチに行ったり買い物したり普段とは違う時間を作っていました！

でもふと、違和感を覚えたのです。

最近忙しくてストレスがたまっているから、解消のためにごはん行こうかなって話を若い同僚にしたら、

「私、ストレスなんてないから、ランチとか買い物とか楽しい気持ちでしか行ったことないですぅ。ストレスある人ってかわいそう。お出かけは楽しいほうがいいのにぃ」って言われたことがあって、正論すぎて呼

吸が困難になるほどうろたえました。

ランチも買い物もストレスなしでするほうが何倍も何十倍も楽しく、時間もお金も無駄がない。気づいたら、「その通りだわ‼」を20回ぐらい言ってました。ストレスはたまればまた発散すればいい！　という考えなのでためると解消はループするだけ。問題解決には至っていない。

それからは、そもそもストレスがたまらないように、と考えて、危険予知のように気持ちの準備をするようになりました。ストレスがたまりそうと思ったら、友人に話を聞いてもらったり、寝たいときに寝たり、ゆっくりコーヒーを飲んだり、日々ストレスがたまらないように休憩を挟むようにしています。

自分で自分のコントロールができるのも「ひとり力」です。

チリツモの日々の負荷を解消するために、特別に時間を作ったり、お金を使ったり、ストレス解消ってムダの宝庫。ストレスはないに越したことはないです。根っこから取りのぞきましょう。

趣味は「趣味探し」

「歳をとって仕事を終えた後も、継続してできるような趣味を持っていたほうがいいですね」

というのは、よく聞く話。でも、特に意識したことはなく、焦る気持ちもありません。「阪口、強がってるね」といった憐《あわ》れむ顔はただちにやめていただきたい。

大真面目にむしろこのままでいいと思っている。

というのも、趣味はなんですか？　と聞かれて、

「趣味探しです」なんてことをいつも言っていると、みんなからいろんなことに誘ってもらえるし、自分の趣味の話をたくさんしてくれます。そんなみんなの趣味の話がおもしろいので、私はそれをビールのおともに飲んで聞く。

それが充分楽しいと思っていて、継続したいと思っていますね。趣味探しが趣味でしょ。

趣味はなくても人生は充分に楽しめる。

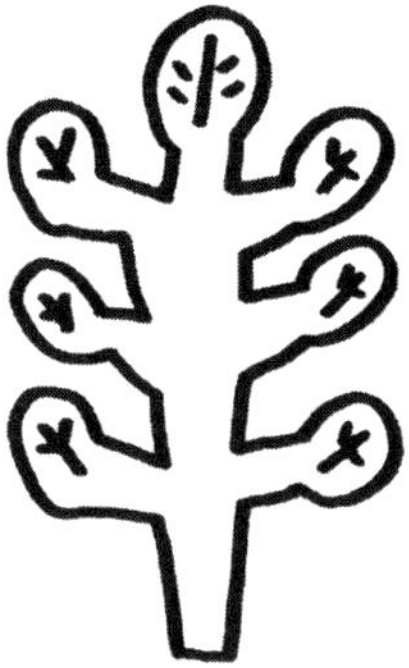

心配ご無用

わが子に対して、こうしたら？　ああしたら？　と、うっとうしく偉そうに言っているときに思い出すのは、決まって子どもの頃の自分。

いまの自分を、子どもの頃の私が見たらどう思うだろう。

そんなことを考える。
私は偉ぶった親にはならないんだ！　そう心に誓っていたから。
子どもにあーだこーだ言ってるときに、その頃の自分を思い出すと、子どもたちには「ま、かーさんの意見なだけだよ。自分で決めてね」という言葉が素直に出てくる。偉ぶった親化、セーフ。

いまの40代手前の自分の気持ちももっと大人になった自分のために記すことにします。

親はいつまでも元気でいてほしいと思うけど、そうはいかない。実家に帰るたびに確実に親のビジュアルが老いていっていることに私は焦りを覚えます。

体の不調や、運転の心配なんかを訴えられると、泣きそうになるがそれは仕方ないもの。サポートしようと思ったらできることだから、親にはどんどん訴えていただきたいものです。

「迷惑」はいくらでもかけてもらっていい、むしろ「迷惑」は報告してもらいたい、「迷惑」は解決ができるから。

でも、「心配する」のはよくない。

「心配」は簡単に解決できないものだから。

私の両親は体の不調を訴えながらも毎日笑っていて、年々夫婦仲がよくなっているように感じます。義母も手の力が弱くなったと訴えはあるけど、いつでもビール片手に朗らかに話をしてくれて、大きな声で笑ってくれる。

どちらの親もいまも大好きでいさせてくれる。

年々親に笑顔が増えると子どもは心配を抱えない。困難をきちんと打ち明けてくれると早めに解決法が思いついて安心できます。

私はいまの自分の気持ちを覚えておいて、年老いたときに思い出そう。そして、アラフォーの子どもたちの前では、老いの困難は包み隠さず助けを求め、大きな声で笑ってビールを飲もうと思います。

死生観は声にする

テレビでよく観る医療や介護のドキュメント。

「大変だね」なんてふうに他人事にせず、私がもしこうなったら……こういう状況になったら……なんて、そのとき思ったことを近しい人には当たり前のように伝えるようにしています。そうして、これから訪れるはずの老いに備えることは大切ですね。

そのほかにも、自分が死んだらこうしてほしいなんていう希望をかなりカジュアルに話しています。マクドナルドでピクルス抜いて、スターバックスでホイップ多め、というテンションとさほど変わりません。

というのも、私の親がもうぼちぼち高齢と言われる年齢で、私は残される側の気持ちを考える機会が多いのです。

もし急に倒れたら、もし急に記憶がぶっ飛んでしまったらと、いま駆け足気味でいろんな話を聞いているところで、数年前に脳梗塞を起こした母の要望は特に深く聞き、いまから心構えをしています。とりあえず、棺桶に一緒に入れてほしいと言われた私のへその緒は、どこにあるか不明とのこと。難儀です。

「それ」を聞くことは、決して近く亡くなると思っているからではないのですが……きれいごとなしに申せば人の人生はわかりません。交通事故や何らかの事件、火事などの災害に巻き込まれたりして、毎日誰かが予想をしていなかった死を迎えているのも事実。

明日が当たり前だと思わないようにしようと言い聞かせても、心のどこかで大丈夫だろうと思ってしまっている自分には甘さを感じています。

自分が死んでしまった後、どうしたらいいかなんて話は、私が死んでしまってからでは遅い。死んでしまってからでは話すことができないから。残された人が故人の気持ちを察するなんてことは、到底無理だと思うのです。

死生観を話しておくことや、葬儀のときの要望は、生きているうちに、そして元気なうちに誰かに伝えておかないと、残された家族が大変だなと感じるので、私も普段からそのときに思った要望を伝えています。

今だったら遺影はあの写真、ＢＧＭはあの曲にしてね！　いまかけている保険で家族葬レベルの葬儀代は出るからね！　尊厳死に対して私はこう思っている……等々。

自分の最期の片付けは自分自身です。

残したものなんかは勝手に処分してもらっていいと伝えています。

それと、人には最期がくる、という話を避けていたことはないです。子どもたちにも人生は必ず1回だよと小さい頃から話をしています。その話をよくしているからか、人生に対して前向きで真剣だし、死に対して不安や恐怖はさほど持っていないと思います。

死生観を話すことは自分の人生を前向きに考えることであり、家族に対しての思いやりだと思っています。

自分自身の片付けを考えて伝えていなかったら、まわりの人に精神力も手間も暇もかけさせてしまうことになります。

自分の死に対する考え方を日常的にまわりに伝えることで、急に最期がきたとしても、家族が事務的なごちゃごちゃしたことで困ることなく、私の死に向き合ってくれるんじゃないかなとも思っています。

明日がくるのが当たり前だと思わない。自分の最期の話を日常からしておくのは愛情以外のなにものでもない。

ひとり時間

「ひとり力」を持つと、当たり前のようにどこでも「ひとり」で行けるようになる。
映画もカフェもごはん屋さんも、誰かと一緒も好きだけど、「ひとり」も好き。

「ひとり」でごはん食べてたら、寂しい人だと思われちゃいませんか?
って言われたことがあります。
まず、言いたい。

誰もそこまで意識して見ちゃいない。

確かに寂しい人に見られないかなんて人目を気にしたときもありました。

街を歩いている人のほとんどが誰かと一緒に見えたこともあった。立ち寄ったお店の店員さんも私のことを、この人ひとりなんじゃないの？寂しい人だな、ぼっちかよ。って見てないかなって。

しかし、大事なので2回目書きますね。


誰もそこまで意識して見ちゃいない。


まわりの目を気にしていた私自身が、いちばん寂しい奴だったように思えます。

そうやってまわりの目を気にして誰かに合わせてばかりいたときは、自分の中で自分を抑えて殺していて、ひとりでも不安で寂しかったし、誰といても寂しかったたし。

そんな自分が嫌だったから変わりたくて、私はいつからか「ひとり」で行動しはじめた。

近所のカフェにひとりでコーヒーを飲みに行って、ひとりで洋服を見に行って、ごはん屋さんでカウンターでランチを食べて、最近ではひとりでぶらっと飲みに行ったりもしています。

当たり前だけど、「ひとり」だと自分の好きな時間に好きなペースで好きなことができます。とても気が楽だし、自由というこの感覚は尊い。

そしてとても責任感のある人間に成長できます。

というのも、全部自分で選択するということは自分に責任を持つことと同じことだから。それすなわち「ひとり力」。

まわりに合わせることよりも、自分がどうしたいかを責任を持って行動や言葉で表せるようになってからは、誰かと一緒にいても「ひとり」でいてもどちらでも楽しいものです。

落ち込み回避

「悪口は言っちゃいけません」

幼き頃から両親や保育園の先生から一般常識みたいなレベルで言われてきました。

なんで言っちゃいけないかと言ったら、言われた人もそれを聞かされている人も不快な気持ちになるからです、と。そりゃそうだな、納得。

だから、私もひとりで処理してきました。

私のムカつくときって人に対してがダントツで多い。ムカつくこと自体は少ないのだが、ムカついたときは人に対してばっかりだ。

そんなときは布団やクッションにうつぶせになって誰にも聞こえないように、

「あああああああああああああ！」

とかって叫んだりしていました。

それを繰り返すことで徐々に平常心に戻るんだけど。


でもね、いつしかひとりでモヤモヤを処理するのやめました。

「今日こんなことがあって腹立った」ってひと言、言ったほうが断然消化が早いから。

「ウンウン」って、同調もせずただただ私の腹が立ったエピソードを聞いてくれて、次の日は美しさを感じるほどきれいさっぱり覚えていない、家族でもあり親友でもあるわが夫に感謝である。平たくいえば、聞いてるようでまったく聞いてないって話なのだが……。

ひとりで抱え込まず、困ったときは誰かに助けを求められるような力も身につけていたいものです。

家族でも友人でもパートナーでも、愚痴が言える人とは末永く大切なお付き合いをしていくことが、これから老いていく長い人生の助けになると思います。いつかはひとりで生きていくかもしれない自分の、この先の心のオアシスとなるはずです。

「仕事」

合わないことにしがみつかない

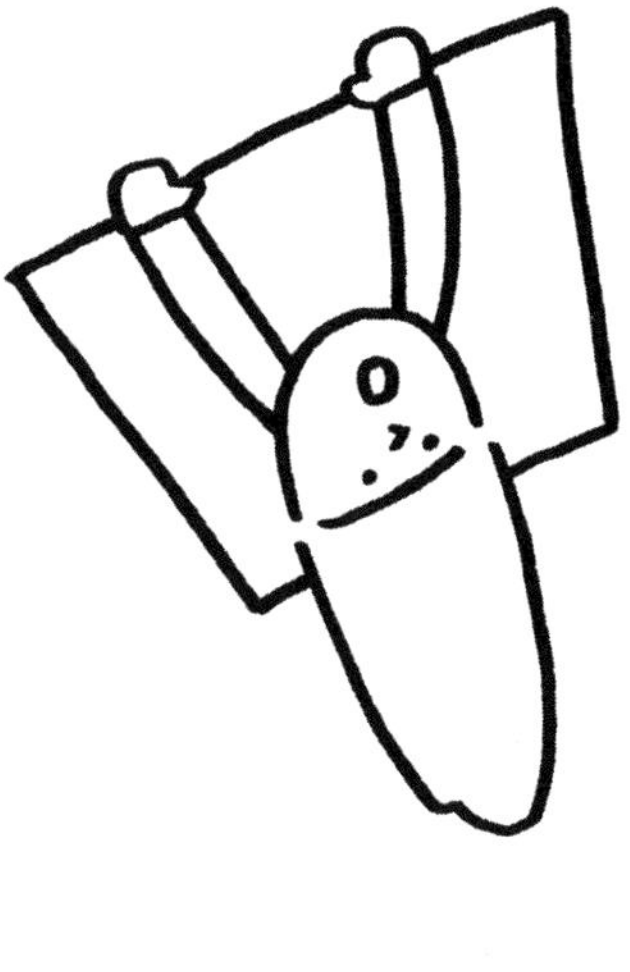

名刺不要説

仕事をしていたら名刺は必須！　と言われたけど、どうにもこうにも扱いが苦手でやめました。

正直、名刺をいただいても頭に残らないという現実。

その後連絡を取らなくなるのが9割9分。

なので、思い切って名刺をもらったらすぐにLINEかメールをすることに。

そしたら名刺は用無しで、すぐに捨ててもよしということにしました。

そして、自分も持たないことにしたものだから、名刺ケースもいらない、そもそも名刺を作る手間暇とお金が丸々浮いたっていう……。
私は名刺を持たないほうがよい方向に行くらしいです。

賢い人と仕事をする

賢いなこの人、と思った人とだけ仕事するようにしています。

私が「賢いな〜」って思う人は「誰にでもわかる言葉で人にモノゴトを伝える人」。

子どもにでもお年寄りにでも、私のようなおっちょこちょいの人にでもきちんと伝えることができる人。

中途半端に賢い人って、難しい日本語とか業界用語とかやたら並べますよね。

私は難しい言葉をたくさん知っていますよ……知力半端ないですよ……のアピールをやたら入れてくる人は正直コントにしか見えず、ただただ愛くるしい。

☑ わからない言葉や業界用語が飛び交うと、聞き返しの嵐で時間がかかります。
　↓「ごめんなさい、その言葉わかりません」

☑ しかもどんどんついていけなくなります。
　↓途中から何の話かわからん……

☑ もちろん結果は出ません。

☑ 仕事も続きません。

本当に賢い人って知識があることに自惚《うぬぼ》れず、老若男女を問わずに、思いを伝えることができる人だと思います。

私のまわりは賢い人ばかりです。
知識を持たない私と仕事ができているんだから。

面倒な約束こそ出かける

仕事や打ち合わせ、会食など、人に会う約束をしたのに、当日になってものすごく面倒くさくなることがありますよね。

だけど、それはむしろ、喜ぶべきことなのです。おめでとう！

さぁシャンパンで乾杯をしよう‼　今日は勝利決定だ‼

というのも、行けば必ずいいことがあるからです。

面倒くさいってことは、その日の期待値が下がっているということです。

期待値低きハードルはその低さゆえ、小さなラッキーで軽く超えることができるのです！

あれ？　期待してなかったし、朝起きて面倒くさくもなってたけれど参加してみると意外と楽しいかも！　なんて思えるからフシギ。

逆に期待値が高すぎて前日から寝られないくらいの日は危険。それは期待値のハードルが高くなっている証拠。ハードルが高いとなかなか感動できない自分がいるはずです。

とりあえず面倒くさく感じたらスタンディングオベーション、喜んで約束に出かけよう。

お客様は神様？

アルバイトで飲食店の店員をしています。

ほとんどのお客さんが善良で真心のあるやりとりをしてくれるが、ごくごくごくごく稀に「お客様は神様でしょ。じゃあ私は神様でしょ」みたいな方がいる。

オーダーを間違えた、混んでいて対応が遅かった、うまく要望が伝わらなかった。

こちらとしても不徳の致すところだ。力不足で申し訳ない気持ちがいっぱいだ。

しかし、こちらが反省し、謝罪の気持ちがいっぱいという前提でも、「どう落とし前つけてくれるんだ」といった方はいる。普通にビビる。

何度も言うけど、その数は限りなくゼロに近い1％以下の人だ。

だからものすごく目立つしマイナスなイメージで記憶に残る。


誰のどのようなミスだったと、犯人捜しと原因捜しを執拗にして、絶対自分が得してやろうという方は、そのお店のサービスを今後快く受けられなくなるし、サービス側としてもどうしても構えてしまうし、構えてしまうからこそまたミスを再発させてしまうことが多い。

結果、自分に返ってくることが多い。マジで神様だとよいことがない。


でも、人間だからミスをすることもある、という、当たり前のことを知っている方は違う。反省を受け入れてくださり、そこから信頼を回復させるチャンスをくださる方は、いいイメージで記憶に残る。

サービス側も、許してくださったことで失敗を繰り返さないよう問題解決に集中でき、もっと喜んでいただこうと心機一転奮起するし、成長させてくれたその方には今後も感謝しかないのです。

こちらも結果、自分に返ってきます。神様ではなく、人対人の方が良いことばっかり。


私は心から学ぶ。

お客様は神様ではない。

どちらも真心がないと素晴らしいサービスは成り立たない。

私はサービスを受ける側でも提供する側でも必ず感謝の気持ちを持つことにしています。

最高のサービスを受けたいと思っているし、必ず自分に返ってくることを知っているから。私はどちらの立場でもひとりの人でいようと思う。

「しんどい」は口にする

以前は体力の使い方がわからず月1回のペースで倒れていた私。
仕事の配分や体力やペースが考えられなかったのです。
しんどくても相手の顔を見ると迷惑をかけるんじゃないかと思って
「しんどい」と言えなかったのです。
結果、倒れているんだからもっと迷惑かけてました。
なので、「しんどい」と言える、自分の弱さを知ってくれる人としか
仕事をしないようにしました。「しんどい」が言えない人との関わりは
さらに「しんどい」ことになる。

いまは仕事が詰まっているときは心配してくれる人ばかりです。
結果、倒れる前に声をかけてくれて、ペースを狂わすことなく仕事ができています。
感謝しかありません。

マンネリ打破はすぐできる

「マンネリ」。つまり人生に対する飽き。
普段の暮らしや人生に飽きが来たら、いつもの言動とは異なる「じゃない方」をあえて選ぶようにするといいです。

いつものコーヒーを紅茶に／いつもの掃除の順番を反対から／立ったまま靴下をはいてみよう／「おはよう」の声をワントーン意識的に上げてみよう／生活リズムを変えて計画的寝坊を／いつもより前髪を短く切ってみよう

固執していた考えも見方が変われば柔らかくなる。発見もあるし、学びもある。毎日同じことをやっていたら、誰でもマンネリ感は出てきますよ。だからあえて、ルーティンワークを崩してみる。

コーヒーを紅茶にかえたら、合わせたいお菓子を思いついて出かけたくなった！／いつもの掃除を反対からはじめたらいつもより時間が短く済んで、家事の見直しをする気になった！／立ったまま靴下をはこうと思ったら難しくて運動をはじめることを決めた！／「おはよう」のトーンを上げたら相手がいつもより笑ってくれて、話がいつもより盛り上がった！／前髪をいつもより短くしてみたら、似合う洋服が変わったように感じた！

いつもの風景を自分から意識して変えるだけで世界は変わる。
自分だけの力でいつもの風景はいくらでも変えられる。

肩書きはもういらない

片付けのプロの民間資格をいくつか持っていて、ひとつは公表していました。

そうしたら、名前の前にその資格名をつけて、「〇〇の阪口ゆうこさん」と呼ばれるようになりました。

公表していたその資格を手ばなしたら肩書きはなくなって、名前だけで「阪口ゆうこさん」と呼ばれるようになりました。

それが心地よくって、私という人間はどこにも属せず私のものだけなんだなと感じて、持っていた片付けの資格はそのまま公表しませんでした。

持っていて心地よく感じる肩書きはいまのところ「母」だけ。

とっても清々しいです。余計な肩書きは自分を追い込むだけ。

お気に入りはひとつあれば充分です。いろんな資格も肩書きもいらない。

目標は「一文字」で充分

一年の計は元旦にあり。

毎年テーマの「一文字」を年初めに設定しています。

歴代の1年の「一文字」は、

「参」

「笑」

「動」

「充」

そして5年目の今年は「健」。

何個も目標を設定してどんどんクリアしていくというものよりも、ひとつのテーマを設定して1年を過ごすというほうが好き。そもそもいくつも目標を持ち、次々に叶えていくということに関しては脳に疲労感しか残らない。

長ったらしい目標も忘れてしまったり、日々の中でどんどんニュアンスが変化していったりするけど、「一文字」ならさすがに忘れることはない。これを忘れるようになったら、いよいよ危ないという危機感もちゃんと持っている。

人は生まれてから死ぬまで、えげつない数の選択に迫られている。1日だって、洋服を選び、朝ごはんを選び、道を選び、お店を選び……。

自分の好きなことや重要なことは慎重に考えたいけど、毎日の当たり前のことや事務的なこと、さほど重要でないことの選択に時間をかけたくない。どこにでもいる三十代主婦です。

何かを選ぶときに、目標となっている「一文字」を連想するほうを選ぶことにしています。モノでもコトでも言葉でも。

この「一文字」だけで、今日一日が驚くほどスムーズになったのです。

今年の「一文字」は「健」。

エスカレーターか階段か迷ったら階段を選んだり、おやつで悩んだらヘルシーなものを。お酒をもう一杯飲むか飲まないか迷ったら飲まないで寝る選択。ね、「一文字」で充分でしょ？「一文字」だからできるでしょ？

今年1年で健が身につくことを期待しています。

自分オリジナルの目標の立て方、持ち方でよいのです。

スケジュールはいらない

私のスケジュール管理はめちゃくちゃ簡単。

午前中は仕事。

午後は仕事以外。

ただそれだけの時間割。

仕事関係の電話も会議も打ち合わせもすべて午前中。

買い物や、本屋さんにぶらっと行ったりするのは午後。

時間刻みの暮らしをやめて、午前と午後だけのざっくりしたスケジュールにすることで手帳をやめることができた。というか、いらなくなった。

手帳を持っているときは、複雑なスケジュールも受け入れて、時間、もしくは分刻みのスケジュールにコントロールされる側だった。そしてそのスケジュールが超ざっくり女こと私を、コントロールするのは破格の難しさだったらしい。私がスケジュールをきっちり果たしたという記憶はほとんどない。

いまは私がスケジュールをコントロールする側です。

手帳や「To Doリスト」を持たない人生は私に主導権を持たせてくれます。

人やモノや情報に作用されない「ひとり力」のある暮らしが実現します。

「付き合い」

ほどよい距離感が心地よい

結婚式に出ない

ものすごく親しい友人からの招待はもうほとんどないからという理由から、いまは招待があっても思い切って参列しないという選択肢を持っています。

これから参列するのは、親族くらいなのではなかろうか。

本当にお祝いの気持ちがあるなら、後日、個人的に仲のよいメンバーでごはんを食べたりして、結婚式や披露宴ではなくもっと近い距離感でお祝いをしたいと思う。

ずっと持ち続けていた考えを今ようやく行動に移せています。

プレゼントは事前に聞く

相手がいらないものをプレゼントとしてあげないようにしている。サプライズと称して不要なものをもらったときは、ぞ〜っとしちゃってね。私は恐怖すら感じます。

というのも、プレゼントと言われていただいたものは、相手からの、喜んでほしいな！　使ってほしいな！　のエゴなラブを感じるもの。それがもし全然欲しくないものだった場合……贈ってくれた側の期待とエゴなラブはかなりのストレスに変わると思う。

だから、私は欲しいものがあるかどうかは必ず相手に聞くことにしています。


「5000円くらいで欲しいものある？」

「いま欲しいものがなかったら、ギフトカードにしようか？」

「楽天派？　アマゾン派？」


って、聞いちゃいます。

「金額＝思いの大きさ」みたいに捉えている人が多いけど、ご存知の通り、そんなことで気持ちは測れるわけがありません。

金額よりも欲しいものをあげたいっていうほうがよっぽど相手のことを考えていると思うのは私だけでしょうか。ここ、自信があるので拡声器で言いたいです。

とにかく、欲しいものを聞いたことで、相手を困らせたことはありません。そりゃそうですよね、相手の欲しいものをあげているのだから。

他にも、たくさんものをもらって困っているという人っていますよね。

でもそれは紛れもなく、その人がもらってくれそうな人だからです。

多くの人は、拒否しそうな人にわざわざあげようなんて思わない。

いらないって言いそうな人にわざわざあげようと思わない。

やっぱり、どう考えても、受け取ってくれそうな人にしかあげない。


そこを改善するにはどうしたらよいかを考えてみたことがあります。

私もよくものをいただく系主婦だったから。

まずは、普段の会話にも気をつけるということです。

相手に合わせたり同調したりして「私も欲しいな～」とか「試してみたいな～」とか安易に言う人はよくものをもらっています。いかにももらってくれそうな人でしょう？

あとはもらった後に、「ありがとう」「うれしい」と言っている人。喜んでくれるなら、またあげようと思いますよね。

しっかり意志を持って発言をするのが重要だと思う。簡単に欲しいとは言わない。容易に相手に同調しない。もらって困るときは「ありがとう」「うれしい」は相手の気持ちに対してだけに使って、もらったものに対しては使わない。

そして元も子もないことを書きますが、何より「使わない」をはっきり言うのがよい。この一撃は素晴らしく効く。

ちなみに私はものの話のときは、白目をむくレベルでだんまりを決めこんで同調せず、食べ物にだけ異常に反応するようにしています。

1発目の「でも……」はNG

1発目での否定の言葉は人を遠ざけます。

人のふり見てわがふり直せ、で気づいたこと。

私とは意見が違うな~と感じていても「でも」を1発目に持ってこず、「なるほど」「そういう考え方もあるんですね」なんて言葉を選ぶことにしている。「でも」の解禁は2発目以降からと決めている。

というのも、相手の意見を受けてから自分の意見を言うと、相手も私の意見を聞いてくれることがわかったからです。

私の友人は、必ずといっても過言ではないほど、返しの1発目は「なるほどですね！」。意見が違ってもまず私の意見を受け入れる。そのアクションがあるからこそ、相手の考えを受け入れようと私も思えると気づいたのです。

それと大事なのは「この人は私とはまったく違う人間なんだ」ということを常に意識しておくこと。これで無駄な論争がなくなることも知っています。

自分の考えを受け入れてもらおうとしたら、まずは自分が受け入れることが必要なのかな。

「あなたのため」って？

他人の、「あなたのために言ってるのよ」という注意は、あなたのためではなくその人自身のために言ってることがほとんど。

「その人がそうしてほしいだけ」と阪口は思うわけです。

親の「あなたのために言ってる」も同様のケースが多く、親である自分のために言っていることがほとんど。

それを聞くことで選択肢を限定してしまうことがある。

しかし、他人のアドバイスに乗って失敗したところで他人は責任をとってはくれないから、自分のことは自分で責任を持って決めるといつも心に決めています。

「あなたのためにに言ってるのよ」と言われたら、私のためならば私に決めさせてくれないか、と言えばいいのです。

相手を認める

かーさんは母を経験するのが初めてだから、どう言えば、あなたが私の言うことを聞いてくれるかがわからない。

と、正直な思いを子どもにぶつけたら、

「僕も子どもをやるのは初めてやねん。かーさんは子どもを経験したことがあるのに、なんでどうやったら言うこと聞くかがわからんの？」

と言われ、何も言えなくなった。私は何を言われても親の思い通りに生きようなんて、思ったことがなかった。

そのときから、経験論は大人も子どもも関係ないなと感じた。

わが子の気持ちもさほどわからないのが現実。なぜなら私とまったく違う人間なのだから。

目の前の唯一無二のわが子を「子ども」と一括りに考えるのもやめた。

自分をひとりの人と認めてもらおうとするならば、まずはこちらが相手をひとりの人として認めなければいけないのかもしれません。

「ちゃんとしなさい」はダメ

「ちゃんとしなさい」とは抽象表現で、まず相手には伝わらない言葉。

私は幼少時代、言われる側専門だったけど、相手の「ちゃんと」や「しっかり」の基準がわからなかったから、自分なりの「ちゃんと」の基準で行動していました。

自分の解釈での「ちゃんと」をすると、いつも違うって怒られたりしていました。

私は「ちゃんと」していたつもりなのに、まわりの人の「ちゃんと」とは違ったのだな。

子どもながらに「なんでやねん」が止まらなくて納得がいかなかった。「ちゃんと」したのに。抽象的な表現の受け取り方は千差万別。みんな感じ方が違うのだから当たり前だ。

というわけで、私は人に物事を伝えるときは「ちゃんと」のような抽象的な言葉は使わず、極力具体的に伝えるように努めています。

片付けのシーンでは、「ちゃんと片付けて！」ではなく、「テーブルの上に物がなにも出てない状態にしてね」とか。

出かけるときには、「ちゃんと準備してね！」ではなく、「5分後には家を出られるように上着を着て忘れ物がないか確認しておいてね」とか。

これらを「ちゃんと」の一言で伝えようとしても伝わらないのは「ちゃんと」の基準がひとり一人違うからだということを意識しています。

具体的に話すことは思いやりであり、実はもっとも効率がいいです。

ちゃんと伝えたいときは「ちゃんと」は使わない。

人を脅さない

子育て時期に親が子に言っているのをよく聞きます。

「早く寝ないと怖いおっちゃんくるで！」

「これ食べへんかったら、鬼さんくるで！」

来ません。おっちゃんも鬼も。

嘘はついちゃいけないと、子どもに教えたいので、私も当然、嘘はつかない。

それに、不眠や偏食がもたらす真実はもっともっと怖い。おっちゃんの怖さは軽く超える。

成長期に充分に睡眠を取らなかったら……。

成長期に栄養を摂らなかったら……。

子どもたちとその情報を一緒に調べてみたら、怖さはおっちゃんどころじゃなかったです。真実はおっちゃんより恐怖なり。

脅しの嘘偽りはやめて本当のことだけ言っています。

他人の権力を借りない

子どもに意見を言ったり指摘したりするときは、「お父さんに言うからね！」と、虎の威を借りるような言葉は言わなかった。

自分以外のほかの影響力の強い存在に言うからね！　と脅すのは、卑怯以外のなにものでもない。

他人の力を借りて指摘をすると、自分はどう思っているかも伝わりにくい。

「大人が絶対」の幼少時代に、何が正しくて何が間違っているかを考えるチャンスをロスしてしまう。

「お母さんはこう思う」と言って自分の意見を話すのが正しいと思う。迷ったときは、「お父さんの意見も聞いてみよう」と言って、家族でも意見が違うということを隠さなかったです。

息子も娘も自分の意見を持って、自分の責任を意識して行動できる人に育ってきています。

心地よい間柄

片付けブームがフォーカスされまくっていた頃、人間関係やつながりまで「捨てる」という人がたくさんいて、ショボーンとした記憶があります。

そんなに声を大にして言わんでもぉ～（叫）。

実際の話、「人間関係をすべて清算します」と宣言している友だちがいましたが、「あぁ今は楽しそうに笑ってるけど、気に入らなくなったらこの人、私のこと捨てるんだな」とか「え、いまの会話おもしろくなかったのかな、私この人に清算されるんじゃないの」とか「あ、意見が違うこと言っちゃった！　絶対もう清算したろと思われてるー‼」とか、そんなことばかりが気になって非常に疲れたことがあります。

人はモノと違って清算なんてするもんじゃない。

私から言わせてもらえば、人間関係という問題はどこにいても勃発するけど、それはお互いの距離が近くなりすぎるから。

断ったり、しんどいということがきちんと言えたりする距離感を保っていれば、関係が狂ったりすることはないし清算しようなんて極端な考えには及ばない。

人間関係をスムーズにするポイントは「距離感」だと思う。

「ひとり力」を持っている人って、まわりの人とつかず離れずの距離を保ってうまく付き合っている人でしょう。

ひとりでも充分暮らしていける人は、人はひとりでは生きていけないということをきちんと知っているから。

意見の違いがおもしろい

私は夫と大きく考え方が違うことが多いです。

仕事に対しても、育児に対しても、政治に対しても、宗教に対しても、ことごとく考え方は一致しません。

でも、夫婦で意見が違うことを当たり前だと思っています。

そもそも生まれも育ちも違うし、親も兄弟も友だちも誰ひとりとして一致しないんだから、何から何までまったく違って当たり前です。

人間はもともと「ひとり」なんです。

むしろ考え方が違って発見が多いから一緒にいておもしろい。私は熱い討論の後、ムカつきながらも収穫の手応えを感じてほくそ笑むという、変態の側面を持っています。

互いの違いを知って理解する努力は必要だと思うけど、無理矢理お互いの価値観を合わせなくていいと思っている、強引に合わせようとすると心の歪みが生じる。

子どもの前でもそれを隠すことはしません。

私はこういう意見なんだけど、お父さんは違うかもしれないから相談してみてね。

なんてことを正直に言う。

子どもたちは私たちふたりの意見を参考にして、納得した部分だけ上手に取り込んで、自分の考えを持つ。

つまりは、わが家は4人家族だけど4人とも考え方が違う。みんながみんな「ひとり力」を持った個別の存在。でもそれでいいと思っている。

家族みんなが同じ意見だったら、そしてその考え方が世間と大きくズレていたり、モラルに反するような考え方だったらと考えたらゾッとする。

そういう面でもみんなが違う考え方というのは気づきがあって素晴らしいと思います。なにしろ、「ひとり」が4つで4倍のパワーだから。

私と目の前の人はまったく違う人、という認識を持ってからは、大きな喧嘩にもならなくなった。

自分の意見に合わせてもらおうとする労力や時間がもったいない。反対に、相手に合わせるにも精神力やパワーがものすごく必要になる。

意見が違ったときは、相手の意見と自分の意見の真ん中あたりで納得できる着地点を探すことに時間をかけるようにしています。

二次会は行かない

飲み会のルールはひとつ。

二次会には行かない、だけ。

基本的にワイワイやるのが大好きだし、お酒も好きだし、食べるのも好きなのですが、二次会だけはやめました。

仕事の飲み会やママ友の飲み会、あらゆる飲み会に参加をしてきたけど、どうしても二次会は一次会と比べてクオリティがスコーンと劣る。

1軒目から2軒目までの道中でテンションがサッと冷めることも多く、任意の参加だからかメンバーが偏って、愚痴っぽい話が多くなりがち。

二次会は「まだ盛り上がりの余韻があるから」という理由で開催される、メインとは違う会。

参加しても楽しいんだろうなと思うのだけど、やはりメインの一次会と違って、お金と時間がもったいないと感じるのと、はしごをすると特別お酒が強いわけでもない私は、深酒になり翌日の体調と予定に危機感を覚える。

そこまでわかっているのに、参加するとなると、まわりに流されている惰性感が否めない。

「行かない」と言っているのに無理に連れていこうとするようなメンバーは、いいお酒が飲める仲間ではないので、もしそんなことがあれば次からはそのメンバーとは行かないです。

長く付き合う仲間との関わり方は大切。惰性で流されて、お付き合いしてストレスをためるなら、そこは「ひとり力」を駆使して、上手にご辞退することも大切です。そのほうが、「ああ、この人はそこはちゃんと意思表示する人」と認知されて、コミュニケーションがギクシャクすることも減ります。

でも、そんな気をつかうメンバーはいまんとこゼロ。二次会はパスでーすと言えば、「はーいまたねー」と返ってくる人ばかり。しかしワガママを申せば、最初の1発目のリアクションは「えー！」であってほしい。

まわりの顔色を見て空気を読んでいた時は二次会三次会に参加して翌日を二日酔いで台無しにしていたけど、今は自分ひとりの意見とペースを持ち、翌日まで笑って過ごせています。

謙遜はやめよう

四半世紀以上昔の話。

「ゆうこちゃんっていつも明るく挨拶できていい子ね〜」と近所のおばちゃんに褒められたとき、私の母は間髪を容れず、

「いえいえ〜家では全然いい子じゃないんですよ〜」と私の前で近所のおばちゃんに言い放った。

私は母を二度見してしっかり傷ついた。


それが大人の社交辞令だとはうっすらわかっていたんだけど、まわり

の人のこともへりくだって話すことが謙遜であり美徳だとは思えなかった。

うわべだけでも好きな人に否定されたことがショックだった記憶を元に、私は自分のことは謙遜しても、家族が褒められたら「ありがとう！うれしい！」とシンプルに受け取ることに徹しています。

欧米では、自分の容姿や服装を褒められると、素直に「ありがとう」と答える人も多いと言われます。きっと「個」が確立されているのだと思います。

世間では美徳だとされている文化でも、自分がおかしいと思うことはしなくてもいいと思います。

家族だからこその「距離感」

私たち家族に喧嘩がない理由を知っています。

何度も言いますが、家族だからとか親子だからという甘えがなく家族といえど、個人個人の「距離感」を保っているから。

いつでも、ひとりの人間対ひとりの自分、というスタンスで考えていて、「家族だからわかってくれるだろう」とか、「夫婦だからここは折れてくれるんじゃないか」とか、「親子だから私の言うことを聞いてくれるんじゃないか」とかいう考えも、持ってこなかった。

家族以外の他人だったら、そこまで感情をぶつけたりはしないけど、家族だからいいかなっていうのは……変だなと。

そもそも、喧嘩に発展していいという考え方がなかったから、喧嘩にならないようにちゃんと日頃から一人ひとりが「距離感」を保つようになりました。

だから私たち家族は、話し合いは何度もしたことがあるけど喧嘩はほんと、少ない。


「喧嘩もいい思い出」という概念もないし、「喧嘩もコミュニケーションのひとつ」という考え方もない。どう考えてもいつも穏やかな関係で喧嘩がないほうがいいと思うのは私だけなのでしょうか。


「私はこういう意見です。あなたの意見は？」と聞いて、「こっちはこういう意見です」と返ってくるのを待つ。

意見が違っても相手の考え方を理解する努力を怠らず、たくさん話し合いを重ねる。理解に至らなかったときは、相手の考え方と自分の考え方の真ん中を着地点として交渉をする。私たちはいつもこうやって解決に向けて話し合ってきました。これは、家族だけではなく、恋人同士や仲間の間でも大切だと思っています。

「ひとり力」があれば誰にも依存しない、誰にも甘えたいという気持ちもない。

専業主婦の病

専業主婦時代は、家事を当たり前の仕事とされるのが嫌でした。誰にも褒められない、誰にも感謝されない。そう思っていました。

でも専業主婦だったときの私も、夫や家族に感謝をしていたかどうかは怪しかったですよね……。

夫は外で働いてくるのが当たり前、子どもたちは自分のことを自分でするのはもちろん、ちょっとしたお手伝いくらいはやって当たり前、そう思っていたのではなかろうか。

感謝は足りていたのであろうか。

いま思い返せば、私も家族に同じことをしていた気もします。

あまりにもストレスだったので、家族には「もうちょっとやってくれてもいいいんじゃないの？」なんて不満をぶつけてみたり、「私が全部やればいいいんでしょ」なんて諦めてみたり、いろんな行動に出ました。でも、それらは家族を困惑させるだけで、いい方向にはいかなかった。

いちばん効果的だったのは、家族単位で考えるのをやめて夫も息子も娘もひとりの人間として考えることでした。

一人ひとりがやっていることを自分に置き換えて考えてみるのです。

夫のように一家の主人として責任を持ち、朝から夜まで会社で仕事をして、充分に生活費を稼ぐことができるのか？

私は子どもたちのように学校という社会に出て、人間関係に揉まれながらも日々努力を重ねてスポーツや学びに精を出せるのか？

そう置き換えたら、即で無理だなって思いましたよね。私ばかりががんばってると思っていたけれど、家族一人ひとりのやっていることはスゴいこと、私は真似できないわと。

自分に置き換えてみると、自然に感謝の心が湧いてきます。

私ばかりが……という気持ちを持たなくなったとは書きません。いまでもときどき、心に余裕がないときはそう感じてモヤモヤしますが、そんなときこそ自分に置き換えて考えて、相手が自分にはできないことをしているということを再確認しています。

そうしたら、「いつもありがとう」という言葉が出てきます。

わが家の場合ではございますが、私がそう言えば、「こちらこそありがとう」ともれなく返ってきます。笑いには笑いが返ってきます。怒りには怒りが返ってきます。

「個」と「個」が尊重しあう関係。どっちが先に言うかではなく、こちらが感謝をすれば相手にも考える機会ができるのです。

家族単位で物事を考える人よりも、いつでも「ひとり」を意識している人だけが失敗を回避できます。

欠点との付き合い

自分が思っているほどコンプレックスは悪くない。

「自分の丸顔嫌い」と鏡を見ては嘆くMちゃんは、私からすればその丸顔がチャームポイントだったりして。

クルクルした縦ロールに悩めるSちゃんは、これまた私からすればそのクルクルがチャームポイントです。

唇のポッテリを気にするKちゃんも、そこがチャームポイントなんです。

ハスキーボイスのRちゃんも、背が高いAちゃんも、コンプレックスや短所は、不思議なことに他人からしたらチャームポイントのときが多い。

そう言われたら、深く悩んだり、時間やお金をかけてわざわざ直そうとしたりするよりも、自分と仲よく付き合っていく方がいいという気持ちが年々募ってきている。自分を慈しむこと、大切にすること、やさしくすることが「ひとり力」を育みます。一生、一緒の自分ですから。

私のこの短距離走選手のような太ももも、豪快な笑いジワも、「つまむ」レベルを超え「つかむ」レベルのこの平均を上回る厚めの脇腹も、もしかしたらまわりからすればチャームポイントなのかもと考えれば、なんとか許せるからフシギなものです。

怒らない人生

自分が正しいと思っている人は、意見を強く主張するし、他人が間違っていると主張する。

つまりは、オブラートなしで言えば、自分が立派だと勘違いしている人ほど怒る。

逆に自分はたいした人間ではない、自分は間違いだらけだという自覚がきちんとあれば、怒るシーンもありません。まさに私、私は間違いだらけの人間だ。

怒らない人生というものはとても穏やか。

とにかく無駄なエネルギーを使うことがない。

じゃあ自分の意見や考えは主張はしないのかというと、そうでもない。

どちらかといえば、ゴリゴリにマイノリティな考え方を持っている私、目の前の相手と意見が違うなんてことは日常茶飯事だし、意見の交換なんてことも日常茶飯事のようにする。

自分が正しいと勘違いしているときはいろんな人に強く意見を主張していました。

しかしあれは間違いでした。

正直申せば強く意見を主張したところで、伝わったことなど一度もありません。強く主張したところで、「必死やな」が印象としてまっ先にきます。怒って主張したところで、「うわっ、マジやん」が印象としてまっ先にきます。内容が入ってくるのはその印象の次です。

自分が間違いだらけの人間だと自覚をするようになってから気づいた

のですが、主張は強くしなくても怒らなくてもできます。

むしろ、落ち着いているほうが自分の意見は相手に伝わりやすいのです。

本当に伝えたいときは強すぎず、間違った意見かもしれないけど……という姿勢のほうが受け入れられやすいのです。

あとがき

みなさまへ

めっちゃ大変でした。

マジで大変だった。自分独自の考え方を文字に起こすって大変だった。

最初この本のお話をもらったとき、短期留学でフィリピンのセブ島にいました。

海外にいて解放的だったからか、本を書きませんか？　という連絡に対して、いつものノリで「ええっすよ～」ってゴリゴリに顔文字を入れてメールを返したのを覚えています。

仕事をお受けしたそれからの日々は大変だった。

私がブログに書いたことで反響があったものやテーマを思い返す作業からスタート。

え？　暇なの？　って真顔で言われるくらいブログの本数を書いている私です。

3年で書いたブログ件数は3500本超。それらの記事を読み直そうと思いました。いままでの考え方をチョチョイと加筆したら1冊の本くらいにはなると思っていたから。


顔から火が出るくらい恥ずかしい記事もありましたし、お見事！　と自画自賛するような記事もありました。読み進めていって懐かしい気持ちばかりが生まれてきました、こんなこと考えてたなぁ。こんなふうに工夫してたなぁ。

2016年あたりの過去記事を50本くらい読んだところで思いました。ようやく気づきました。

ははーん。私、数年でずいぶん考え方が変わったなと。

ということでこの1冊は、いままでのブログを振り返ることで思い出したエピソードはなく、私のいま現在の考え方だけで書いた感じです。

数年で変わった考え方もあれば、ずっと変わらない考え方もあります。

ブログを読み返して、考え方が変わっていることに気づいて焦りは不思議とありませんでした。むしろそれでいい、順調だと思えました。

生きているということは変化していくということだから、緩やかに変わっていったのであれば、それはとてもとても自然なことだと。逆に申せば、不変だなんてことがあったとしたら、時間が進んでいないという、現実ではあり得ないことだと。

体も老いていく、家族の形態も変わっていく、時代もルールも置かれている環境も、世の中ごと根こそぎ変わっていく。

不変でいてやる！　なんて流れに逆らうことなく緩やかに変化していくのがとても自然なことなのではなかろうか。

私もこれから必ず老いていきます。緩やかに徐々に変わっていく予定です。

これからも自分のために自分でありたいと思います。

また数年後、この本を読んで変わった自分を実感できることを楽しみにしています。

二〇二〇年　春　　　阪口ゆうこ

阪口ゆうこ（さかぐち・ゆうこ）

1981年生まれ、ふたりの母。生まれてこのかた片付けられない人生だったはずなのに、ここ数年で1周回ってミニマリストに転身。自身のカオス体験から片付けられるようになるまでを振り返りながら、片付けや整えについてのブログを運営。コラムなどの執筆、セミナー開催を通して人とのつながりを生きがいにしている整えアドバイザー。著書に『家族がいちばん。だから、きちんと選べる。きちんと使える。ゆるミニマルのススメ』（日本文芸社）がある。

ブログ【HOME by REFRESHERS】　http://sakaguchiyuko.blog.jp

★本書の内容に関するお問い合わせ★
アスカ・エフ・プロダクツ 編集部
TEL 03-5395-7660

「ひとり力《りょく》」のある暮《く》らしかた

2020年4月24日　初版発行

著者　阪口《さかぐち》ゆうこ

発行者　浜田充弘
制作・発行所　アスカ・エフ・プロダクツ

発売者　石野栄一
発売所　明日香出版社
〒112-0005 東京都文京区水道 2-11-5
TEL 03-5395-7650［代表］
FAX 03-5395-7654
WEB http://www.asuka-g.co.jp
振替 00150-6-183481

印刷・製本　シナノ印刷株式会社

ISBN 978-4-7569-2085-0 C0077

Yes!!